KB199998

리더의 고독

리더의 고독

지은이 | 강준민
초판 발행 | 2022. 8. 17
6쇄 | 2024. 3. 28
등록번호 | 제1988-000080호
등록된 곳 | 서울특별시 용산구 서빙고로65길 38
발행처 | 사단법인 두란노서원
영업부 | 2078-3333 FAX | 080-749-3705
출판부 | 2078-3332

책값은 뒤표지에 있습니다.
ISBN 978-89-531-4306-7 03230

독자의 의견을 기다립니다.
tpress@duranno.com www.duranno.com

두란노서원은 바울 사도가 3차 전도 여행 때 에베소에서 성령 받은 제자들을 따로 세워 하나님의 말씀으로 양육하던 장소입니다. 사도행전 19장 8-20절의 정신에 따라 첫째 목회자를 돕는 사역과 평신도를 훈련시키는 사역, 둘째 세계선교™와 문서선교^{단행본·잡지} 사역, 셋째 예수문화 및 경배와 찬양 사역, 그리고 가정·상담 사역 등을 감당하고 있습니다. 1980년 12월 22일에 창립된 두란노서원은 주님 오실 때까지 이 사역들을 계속할 것입니다.

리더의
고독

깊음과 성장을 위한
잠시 멈춤

강 준 민 지 음

두란노

목차

리더는 견디고 또 견디는 사람이다
리더는 두려움 중에도 전진하는 사람이다
리더는 책임을 지는 사람이다
리더는 경청하는 사람이다
리더는 배신의 아픔을 이기는 사람이다
리더는 잘 기다리는 사람이다
리더는 조용히 성장하는 사람이다
리더는 격리의 시간을 낭비하지 않는 사람이다
리더는 분노를 잘 다스리는 사람이다
리더는 저항을 통해 진보를 이루는 사람이다
리더는 신중히 결정하는 사람이다
리더는 어둠을 통해서도 배우는 사람이다
리더는 뒷모습이 아름다운 사람이다

리더는 자기 분야의 정상을 향해 가는 사람입니다. 그러나 그곳은 고독한 곳입니다. 칭송과 비난을 함께 감수해야 하는 자리입니다. 그래서 리더가 배워야 할 가장 중요한 레슨은 '독거'하는 것입니다. 이번에 모든 리더의 필독서를 강준민 목사님께서 펴냈습니다. 강 목사님은 독거의 사람입니다. 이 책을 펴낼 자격이 있는 분입니다. 이 책으로 고독을 독거로 바꾸는 위대한 지도자들의 탄생을 보고 싶습니다. 모든 지도자의 독서 리스트에서 이 책은 'must-have'의 고전이 될 것입니다.

이동원_지구촌 목회리더십센터 대표

리더는 고독을 끌어안아야 합니다. 고독을 통해 깊어집니다. 고독은 창조의 시간입니다. 리더는 고독을 통해 만들어집니다. 저자는 고독을 단순한 격려나 고립이 아닌 리더를 만들어 내는 핵심 요소로 다루고 있습니다. 오늘날 리더들이 쉽게 무너져 내리는 이유는 고독을 통해 빚어지지 않은 날조된 리더들이 많기 때문인지 모릅니다. 이 책은 참된 리더의 부재를 느끼는 우리 시대 리더들의 손에 들려져야 할 필독서입니다.

이규현_수영로교회 담임목사

강준민 목사님이 이 시기에 꼭 필요한 책을 냈습니다. 강 목사님은 시대를 읽고, 마땅히 나눌 말씀을 아는 분입니다. 지도자에게 고독은 선물입니다. 고독은 외로움과 다릅니다. 리더는 고독한 자리입니다. 고독은 리더가 치러야 할 대가입니다. 그러나 고독을 잘 지키고 활용하여 값진 보석을 만들어 내는 연금술이 이 책에 소상히 나와 있습니다. 영적 지도자는 '홀로 있음'과 '더불어 삶'의 조화가 필요한데, 먼저는 홀로 있음입니다. 모세, 다윗, 엘리야, 세례 요한, 그리고 예수님이 그러셨습니다. 사회적 거리두기를 권장하는 코로나19 시대에 이 책을 벗 삼아 고독의 리더십을 준비하고 연습하는 기회로 삼는다면, 절호의 기회를 맞이하게 될 것입니다.

한기채_중앙성결교회 담임목사, 기성 전 총회장

강준민 목사님의 책은 언제나 주님을 향한 마음속 깊은 곳의 갈망을 깨워 냅니다. 이 책도 마찬가지이지만, 좀 특별합니다. 읽으면서 나도 모르게 눈물이 났습니다. 제 이야기를 글로 읽는 것 같았기 때문입니다. 누군가 나의 심정을 알아준다는 것이 이런 느낌일까, 하는 마음이었습니다. 제게 주시는 주님의 위로와 사랑의 권면을 들었고, 제가 앞으로 살아갈 길이 무엇인지 보게 해 주었습니다.

이 책의 제목이 《리더의 고독》입니다. 저자인 강준민 목사님이 실제로 겪었고, 깨달았고, 그로 인하여 더 깊이 성장하였던 이야기입니다. 그래서 힘이 있었고, 실제적인 위로가 되었고, 헤쳐 나갈 지혜를 얻을 수 있었습니다.

정말 리더의 길은 고독의 길입니다. 그 고독은 피할 수 없는 것입니다. 그렇다면 마음을 바꾸어 고독을 환영해야 한다고 했습니다. 고독 속에 감추인 보석을 캐내야 한다고 했습니다. 좀 더 일찍 이렇게 명확히 알았으면 좋았을 텐데, 하는 아쉬움이 있습니다. 그러나 깨닫지 못하였어도 배운 것이 있었습니다. 고독으로 인하여 하나님 앞에 홀로 있는 눈이 열렸습니다. 고독하기에 하나님과의 관계가 더욱 친밀해졌습니다. 저자의 권면처럼 리더는 고독을 두려워하지 말고, 고독을 사랑해야 합니다.

이 책은 사역자들, 특히 이제 사역자의 길을 시작하는 이들에게 필독서입니다. 그러나 엄밀히 말하면, 모든 그리스도인에게 필요한 책입니다. 가정이나 교회에서, 직장과 일터에서 그리스도인은 지도자의 사명을 가졌기 때문입니다. 이 책은 리더가 겪는 어려움을 헤쳐 나갈 은혜의 통로입니다. 무엇보다 고독으로 인한 은혜를 깨닫게 해 줌으로써 코로나19로 인하여 겪은 어려운 시기가 재난의 시기가 아닌 은혜의 시기로 기억되게 할 것입니다.

유기성_선한목자교회 담임목사

지금 한국 교회는 '좋은 리더' 부재의 시대를 살아가고 있습니다. 들뜸과 풍요로 인해 '고독의 미덕'을 상실했기 때문입니다. 고독함이 주는 유익에 관하여 '강준민 목사답게' 참 일목요연하게 설명해 주는 《리더와 고독》의 출판이 기대되는 이유입니다. 고독을 즐기는 좋은 리더들이 이 책을 통해 훈련되고 만들어지기를 소망합니다.

김병삼_만나교회 담임목사

강준민 목사님은 이 시대 최고의 영적 리더입니다. 저는 아픔에 처한 목회자를 만나면 자주 저자에게 소개해 드립니다. 그와의 만남에 많은 사람은 흐르는 눈물을 닦고 낙심을 딛고 일어나 소망의 노래를 부르게 됩니다. 목사님 자신이 고독과 고통이라는 광야를 거쳐 온 분이기 때문에 그의 말은 언어가 아니라 삶 자체입니다. 저자가 안내하는 리더의 고독에 대한 다양한 접근을 읽다 보면 마치 나 자신의 모습을 거울로 보는 듯합니다. 그때 리더로서의 고독이란 나 혼자의 싸움이 아니라 가나안을 앞에 둔 사람이 반드시 건너야 할 광야라는 것을 깨닫게 됩니다. 책을 넘길 때마다 고독한 광야에서 터져 나오는 생수를 마시는 기쁨을 발견하게 될 것입니다. 때때로 자신에게 속삭이게 될 것입니다. '괜찮아, 다시 하는 거야.'

류응렬_와싱톤중앙장로교회 담임목사

역작입니다. 《리더의 고독》은 크리스천 여부와 상관없이 모든 리더와 리더를 꿈꾸는 사람들이 읽어야 할 책입니다. 또한 자기 공동체의 리더를 이해하기 위해 누구라도 읽어야 할 필독서입니다. 이 책은 저를 치유하는 책이 되었습니다. 어쩜, 이토록 리더의 고독을 깊이 있고 의미 있게, 그리고 가슴 절절하게 묘사해 낼 수 있을까요. 리더는 외롭고 고독합니다. 하지만 혼자 겪는 고독이 아닙니다. 이 책을 읽는 사람이라면, 누구라도 이 땅에 나와 같은 고독을 경험하고 있는 리더들이 많다는 사실에 위로와 힘을 얻을 것입니다. 그리고 고독을 회피하지 않고, 당당히 하나님이 주신 선물의 시간으로 받아들이게 될 것입니다. 책을 덮을 때, 마침내 고독 속에 감추어진 수많은 보물을 건져 올리게 될 것입니다. 두고두고 읽어야 할 책입니다. 마음 모아 모든 이들에게 추천합니다.

최병락_강남중앙침례교회 담임목사,
월드사역연구소 소장

《리더의 고독》은 내가 경험한 고독의 이야기다. 하지만 결코 나만의 이야기는 아니다. 수많은 리더의 이야기다. 내가 만난 많은 리더 가운데 꽃길만 걷는 리더는 본 적이 없다. 고난과 시련과 역경은 리더의 사랑스럽지 않은 친구들이다. 리더는 오해받고, 비난받고, 비판받는 사람이다. 리더는 무시당하고, 거절당하고, 버림받는 경험을 한다. 그래서 리더는 격한 외로움이 무엇인지를 안다.

리더에게는 과업이 주어지고, 그 과업을 성취하는 과정은 결코 쉽지 않다. 리더는 갈등과 장애물과 걸림돌을 극복하면서 과업을 성취하게 된다. 목회자의 길에 들어설 때, 나는 스스로 리더라고 생각하지 않았다. 나는 목회자요 설교자라고 생각했다. 하지만 교회를 개척하는 과정에서 나는 리더십을 배우고 익혀야만 했다.

나의 이민 목회의 여정은 파란만장하다. 7년의 부목

회자 생활과 두 교회의 개척을 거쳐 대표적인 이민 교회 중 하나를 담임하면서 많은 어려움을 겪었다. 하늘이 무너져 내리는 듯한 압박감을 경험했다. 수많은 사람의 오해와 비난을 받았다. 그 과정에서 아내가 울부짖으며 실신하기도 했다. 사모의 길이 어떤 길인지도 모른 채 나를 따라온 아내의 실신하는 모습을 보면서 마음이 무너져 내렸다. 연약하게 태어난 나는 더욱 연약함을 경험했다. 나는 이민 목회의 실패를 처절하게 경험하고 쓰러졌다. 부서지고 깨어졌다. 수치심과 모멸감이 나를 괴롭혔다. 하지만 하나님의 은혜와 나를 아껴 주시는 분들의 기도와 격려 속에 다시 일어설 수 있었다.

《리더의 고독》속에는 수많은 리더의 이야기가 담겨 있다. 성경 속 리더들과 지금 목회 및 선교 현장에서 그리고 각 영역에서 리더로 섬기는 분들의 이야기가 담겨 있다. 리더의 리더이신 예수님의 고독도 담겨 있다. 이 책은 리더의 고독에 관한 책이지만, 성경적 리더십의 원리가 함께 담긴 책이다.

얼마 전부터 큰딸이 내게 리더십에 관한 책을 한 권 쓰면 좋겠다고 권면했다. 리더십에 관한 책들이 이미 세상에 많이 나와 있기 때문에, 리더십에 관한 책을 쓰는 것이 선뜻 마음에 내키지 않았다. 그렇지만 딸의 부탁을 마음에 품고 시간을 보내는 중에 리더의 고독에 관한 주제로 출판된 책이 없다는 사실을 발견했다. 그래서 리더의 고독에 관심을 갖고, 글을 쓰게 되었다.

리더의 고독에 관해 글을 쓰면서 몇 편의 글을 이동원 목사님께 보내 드렸다. 이 목사님께서 리더들에게 꼭 필요한 책이 될 것 같다고 격려해 주셨다. 이 목사님의 격려가 글을 계속 쓰는 데 큰 도움이 되었다. 리더의 고독에 관해 글을 쓰면서 내가 교제하는 여러 목회자와 선교사들과 평신도 리더들에게 언제 고독한지를 물었다. 답신을 보낸 리더들의 이야기가 이 책에 숨겨져 있다.

책에서 밝혔지만, 외로움과 고독은 구분하기 어려운 단어다. 내가 고독이라고 표현할 때, 그 속에는 외로움이 함께 담겨 있다. 하지만 영성가들은 '외로움'(loneliness)과 '고독'(solitude)을 구분한다. 영성가들이 말하는 외로움은 인간이라면 누구나 경험하는 외로움, 소외감이다. 반면에 고독은 '하나님 앞에 홀로 있음'을 의미한다. 영성가들은 외로움을 넘어 고독 속으로 들어가라고 권면한다. 그 이유는 고독 속에 감춰진 풍성한 축복 때문이다. 외로움이 고독으로 들어가는 문과 같다면 리더는 외로움까지도 사랑할 수 있어야 한다.

이 책은 고독한 리더들을 위로하기 위해 쓴 책이다. 또한 고독한 리더들에게 고독의 유익을 알리기 위한 책이다. 나는 고독을 통해 하나님 앞에서 침묵하는 시간을 갖는다. 하나님의 음성을 듣는 시간을 갖는다. 나는 고독을 통해 말씀 앞에 홀로 머물며 말씀 속으로 들어간다. 고독은 내 영혼을 고요하게 만들어 준다. 고독을 통해 고요한 마음을 잘 가꿀 때 영감을 얻고, 지혜를 얻게 된다. 통찰력을 얻고, 고독을 통해 상처 입은 영혼들의 아픔을 공감하게 된다. 고독 중에 가꾼 고요한 마음은 내가 글을 쓰는 데 꼭 필요한 마음이다.

《리더의 고독》을 아름다운 작품으로 만들어 주신 두란노 가족들에게 감사드린다. 또한 이 책을 기쁨으로 추천해 주신 분들에게 감사드린다. 내게 리더십에 관한 책을 쓰라고 동기를 부여해 준 두 딸과 사위들 그리고 아내에게 감사의 마음을 전하고 싶다. 이제 두 딸은 결혼해서 각각 두 자녀를 키우고 있다. 내가 실패하여 무너져 있을 때, 다시 사역하도록 도와주신 새생명비전

교회 가족들과 동역자들에게 감사드린다. 무엇보다 부족한 종에게 거듭 새롭게 시작할 수 있도록 은혜를 베풀어 주시는 하나님께 깊이 감사드린다. 하나님, 영광을 받으소서!

로스앤젤레스에서
강준민 드림

리더에게 고독은

◆

고독은 친구다

　　리더의 길은 고독의 길이다. 리더가 된다는 것은 고독을 벗 삼아 산다는 것이다. 리더는 외로운 사람이다. 리더에게 "혼자서 밥 먹지 말라"고 권면하는 사람이 있다. 충분히 이해가 되는 권면이다. 리더는 사람들과 더불어 살아야 하며, 사람들과 더불어 일해야 한다. 하지만 리더는 외롭다. 많은 사람과 함께 밥을 먹어도 리더는 외롭다. 고독은 리더의 실존이다. 리더가 스스로 고독하다는 사실을 받아들일 때, 어쩌면 리더는 고독을 극복할 수 있을지 모른다.

　　내가 배운 인생의 소중한 교훈이 있다. 피할 수 없는

것은 환영하라는 것이다. 변할 수 없는 것은 용납하라는 것이다. 리더가 고독을 피할 수 없다면 고독을 환영해야 한다. 고독 속에 감추인 보석을 캐내야 한다. 고독 속에는 놀라운 보석이 담겨 있다. 고독은 고난과 같다. 고난을 좋아하는 사람은 없다. 하지만 고난 속에는 감추인 축복이 담겨 있다. 감추인 기회가 담겨 있다. 감추인 영광이 담겨 있다. 고난을 거부하면 감추인 축복과 지혜와 영광을 누릴 수 없다. 피할 수 없는 고난을 환영할 때 고난은 감추어 두었던 축복을 하나씩 꺼내 준다. 고독을 친구로 삼을 줄 아는 리더는 지혜로운 리더다. 나는 고독을 통해 놀라운 선물들이 찾아오는 것을 경험했다.

◇◇◇

고독은 고요함을 선물해 준다. 나는 고요함을 좋아한다. 고요함은 들뜬 마음이 아니다. 고요함은 차분한 마음이다. 고요함은 통찰을 선물해 준다. 고요한 마음을 갖게 되면, 영의 눈이 열린다. 마음의 눈이 열린다. 육안으로 볼 수 없었던 것을 영안으로 보게 된다. 고요한 마음을 갖게 되면 이전에 보지 못했던 것을 보게 된다. 이전에 보았던 것과는 다른 각도에서 보게 된다. 이전에 피상적으로 보았던 것을 깊이 들여다보게 된다. 고요한 마음을 갖게 되면, 문제의 근원을 살피게 된다.

고독은 영감을 선물해 준다. 고독은 하나님 앞에 홀로 머무는 시간이다. 고독은 단순한 인간적인 외로움이 아니다. 외로움을 초월해서 하나님 앞에 홀로 머무는 시간이 고독의 시간이다. 그런 면에서 고독은 기도의 시간이다. 고독할 때, 하나님의 영감이 임한다. 고독할 때, 하나님의 지혜가 임한다. 고독할 때, 하나님의 음성을 듣게 된다. 고독할 때, 깨달음이 임한다. 성경은 깨달음을 소중히 여긴다. 깨달을 때 돌이키게 되고, 깨달을 때 치료받게 된다. 깨달을 때 풍성한 열매를 맺게 된다(마 13:23).

◇◇◇

고독은 잔잔한 사랑을 선물해 준다. 리더에게 열정은 중요하다. 사람들은 리더의 열정을 보고 따른다. 확신을 보고 따른다. 하지만 열정만 가지고 모든 일을 성취할 순 없다. 리더에게 필요한 것은 잔잔한 사랑이다. 고요한 확신이다. 뜨겁고 불같은 열정은 중요하지만, 때로 오래가지 못한다. 하지만 잔잔한 사랑은 오래간다. 고독을 친구로 삼으라는 말은 친구의 사랑이 잔잔한 사랑이기 때문이다. 연인의 사랑이 불같은 사랑이라면, 친구의 사랑은 은은한 사랑이다. 불타오르지는 않지만 은은하게 지속되는 사랑이다. 사람들은 리더의 열정만 보고 따르는 것이 아니다. 사람들은 리더의 잔잔한 사랑을 보고 따른다. 흔들리지 않고 동요하지 않는 조용한 사랑을 보고 따른다.

고독은 글쓰기를 선물해 준다. 리더는 독서하는 사람이다. 독서하는 데 필요한 것은 고독이다. 고독한 마음은 책에 몰입하게 만들어 준다. 들뜨고 흥분한 마음보다 고요한 마음이 독서하는 데 도움이 된다. 리더는 학습하는 사람이면서 글 쓰는 사람이다. 글로 비전을 나누는 사람이다. 고독한 마음은 글쓰기에 도움이 된다. 나는 고독할 때 글을 더욱 잘 쓰곤 한다. 글을 쓸 때 나는 고독을 환영한다. 그 이유는 고독할 때 좋은 생각이 잘 떠오르기 때문이다. 생각이 명료해지기 때문이다. 다양한 생각과 입체적인 생각이 떠오르기 때문이다. 고독을 친구삼아 글을 쓰도록 하라. 고독이란 친구는 결코 우리를 배신하지 않는다.

고독은 생산성의 보고다

고독은 외로움보다 높은 차원이다. 고독은 성스러운 외로움이다. 외로움과 고독은 비슷해 보인다. 외로움이란 소외감이다. 사람들로부터 소외되었다는 느낌이다. 리더만 외로운 것이 아니라 많은 사람이 외롭다. 많은 사람과 더불어 살아도 인간의 실존은 외롭다. 우리는 외롭기 때문에 서로를 필요로 한다. 가장 무서운 빈곤은 소외감이란 빈곤이다. 마더 테레사는 "자기를 좋아하는 사람이나 필요로 하는 사람이 없다"고 말했다.

외로움은 힘든 감정이다. 외로움은 비생산적이다. 반

면에 고독은 풍성한 열매를 선물해 준다. 헨리 나우웬은 "외로움으로부터 도망하고 그것을 잊거나 부인하려고 하는 대신에 우리는 그 외로움을 지켜서 그것을 생산성 있는 고독으로 바꾸어야 한다. 영적인 삶을 살려면, 먼저 외로움의 광야로 들어가서 조용하고 끈기 있는 노력을 통해 그 광야를 고독의 동산으로 바꾸는 용기가 있어야 한다"고 말한다(헨리 나우웬, 《영적 발돋움》, 두란노, 34-35쪽). 격한 외로움을 승화시킨 것이 고독이다. 고독은 하나님 앞에 홀로 있음을 의미한다. 고독은 영성가들이 추구하는 생활 방식이다. 영성 생활이란 외로움에서 고독으로 들어가는 것을 의미한다.

◇◇◇

리더는 고독의 중요성을 알아야 한다. 김형석 교수님은 그의 책《고독이라는 병》에서 고독의 긍정적인 면을 다음과 같이 기록했다.

"아름다운 예술이 탄생되는 것도, 훌륭한 사상이 체계를 가지는 것도, 위대한 학문이 주어지는 것도 모두가 이러한 정신인의 고독한 창조에서 우러나온 것이다. … 그들의 위대성은 그들의 위대한 고독에 있었던 것이다"(김형석, 《고독이라는 병》, 자유문학사, 13쪽).

리더는 외로움을 고독으로 승화시킬 줄 알아야 한다. 외로움(loneliness)과 고독(solitude)은 그 경계가 모호하다. 고독은 외로움보다 조금 더 깊은 세계다. 조금 더 차원 높은 세계. 고독은 외로움의 고통을 지나 더 깊은 곳으로 들어갈 때, 경험하는 내면세계다. 영성가들은 고독을 사랑한다. 고독을 피해 달아나는 것이 아니라 고독 속으로 들어가 고독을 즐긴다. 고독은 "홀로 있음"이다. 그냥 홀로 있는 것이 아니라 "말씀 앞에 머무는 홀로 있음"이다. "하나님 앞에 머무는 홀로 있음"이다. 거짓 자아가 아닌 "참된 자아 앞에 머무는 홀로 있음"이다.

외로움이 부정적인 의미에서의 홀로 있음이라면, 고독은 긍정적인 의미에서의 홀로 있음을 의미한다. 글 쓰는 사람은 신비롭게 한결같이 고독을 찬양한다. 그 이유는 고독을 통해 영감을 얻기 때문이다.

◇◇◇

고독 가운데도 깊은 고독이 있다. 깊은 고독 속으로 들어가기 위해서는 외로움의 강을 건너야 한다. 외로움의 고통을 이겨 내야 한다. 깊은 고독 속으로 들어가면, 깊은 고요함을 경험하게 된다. 깊은 고독 속에 들어가면, 우리 내면에 있는 하나님의 성소 속으로 들어가게 된다. 그곳에서 하나님을 예배하게 된다. 또한 하나님의 깊은 성소에서 흘러나오는 깊은 생수를 마시게 된다.

깊은 고독은 내면의 고독을 의미한다. 토마스 머튼은 "내면의 고독 외에 참된 고독이란 없다"고 말했다. 우리의 생각과 묵상과 언어와 인격은 깊은 고독 속에서 무르익는다. 하나님과의 관계는 깊은 고독 속에서 더욱 친밀해진다. 리더는 정기적으로 시간을 내어 깊은 고독 속으로 들어가야 한다. 리더는 고독을 두려워하지 말고 고독을 사랑해야 한다.

♦
고독은 기회다

탁월한 리더는 고독을 선용할 줄 안다. 지혜로
운 리더는 고독을 낭비하지 않는다. 하나님은 우리가
고독한 시간에 무엇을 하는가를 지켜보신다. 아무도 보
지 않을 때, 우리가 무엇을 생각하고 무슨 일을 하는가
가 우리 인격을 보여 준다. D.L. 무디는 "아무도 보는 이
없을 때, 당신은 누구인가? 인격이란 아무도 보지 않을
때, 당신의 모습이다"라고 말했다.

탁월한 리더 다윗은 아무도 보지 않을 때 미래를 잘
준비했다. 그는 어릴 적 광야에서 아버지 양을 치면서
고독한 시간을 보냈다. 그는 가족들에게서 왕따를 당했

다. 아버지와 그의 형제들은 그를 무시하며 하찮게 여겼다. 사무엘이 이새의 집을 방문했을 때, 다윗은 아버지의 양 떼를 치고 있었다. 사무엘이 이새의 아들들을 만나 본 후에 이새에게 또 다른 아들이 있느냐고 물었다. 그때 이새는 "아직 막내가 남았는데 그는 양을 지키나이다"(삼상 16:11)라고 대답했다. 하나님은 막내 다윗에게 기름을 부으시고, 그를 왕으로 삼으셨다.

◇◇◇

다윗을 역사의 무대에 세운 것은 골리앗과의 전투였다. 거인 골리앗의 이마를 매끄러운 돌 하나로 명중시킨 그의 실력은 정말 탁월했다. 그 탁월함은 언제 개발되었는가? 그가 아버지의 양을 쳤던 때다. 그는 아버지의 양을 잘 돌보기 위해 돌팔매질 연습을 수없이 했다. 그는 유다 광야에서 돌 던지는 연습과 함께 수금을 탔다. 그의 수금 연주 솜씨 또한 탁월했다. 그가 수금을 연주할 때 사울에게 들어간 악령이 떠날 정도의 실력이었다(삼상 16:23). 그 정도의 경지에 이르렀다는 것은 그가 고독한 가운데 수금 타는 것을 수없이 연습했다는 것을 의미한다.

탁월한 리더들은 대부분 숨어 실력을 키우는 날들이

있었다. 하나님은 요긴하게 쓰시는 인물들을 일정 기간 은닉시키셨다. 그들을 은닉시키신 이유는 숨어 실력을 쌓게 하기 위해서다. 하나님은 그들을 광야에 감추셔서 탁월한 리더로 준비시키셨다. 어떤 분야에서든지 탁월해지려면, 최소한 1만 시간 또는 10년 동안 그 분야를 갈고 닦아야 한다. 한 분야를 반복하고 지속하기 위해서는 충분한 시간이 필요하다.

◇◇◇

하나님은 귀히 쓰시는 리더를 키우시는 데 서둘지 않으신다. 하나님은 다윗이 양 치는 것을 지켜보시고 그를 선택하셨다.

"또 그의 종 다윗을 택하시되 양의 우리에서 취하시며"(시 78:70).

하나님은 다윗이 양을 지키기 위해 성심을 다하는 것을 보셨다. 또한 그 손의 능숙함으로 물맷돌을 던져 양들을 사자와 곰들로부터 지키는 것을 보셨다. 다윗의 공교함은 아버지의 양을 돌보는 중에 드러났다. 하나님이 그를 이스라엘의 왕으로 세우셨을 때, 그는 "마음의 완전함"과 "그의 손의 능숙함으로" 백성들을 지도했다(시 78:70-72).

다윗은 아버지의 양을 치기 위해 유다 광야에서 청년의 때를 외롭게 보냈다. 그는 아버지의 양을 치면서 광야에 익숙하게 되었고, 광야의 길을 잘 알게 되었다. 그 덕분에 사울 왕이 그를 죽이기 위해 추적하는 10여년 동안 광야에서 살아남을 수 있었다. 하나님은 리더의 경험을 낭비하지 않으신다. 젊은 날의 고난의 경험이 나중에 요긴하게 쓰임 받는 것을 본다.

리더는 사람들이 보지 않을 때 하나님의 눈길을 보는 사람이다. 지혜로운 리더는 기다려야 할 때 서둘러 자신을 드러내지 않는다. 리더는 못생긴 나무처럼 살아야 한다. 중국 현인은 "못생긴 나무가 산을 지킨다"고 말했다. 잘생긴 나무는 나무꾼의 눈에 일찍 띄어 잘리지만, 못생긴 나무는 눈에 띄지 않아 산을 지키다 거목이 된다는 뜻이다. 고독을 탁월함의 경지에 이르는 훈련의 기회로 삼아라. 지혜로운 리더는 서두르지 않고 먼저 실력을 쌓는다.

고독은 예술이다

　고독은 잠시 멈춤의 기술이다. 고독은 잠시 멈춤으로 들어가는 길이다. 우리 마음이 고독한 상태가 될 때, 우리는 잠시 멈춤으로 들어가게 된다. 우리는 속도를 중요시하는 시대에 살고 있다. 빠른 접속과 빠른 검색 등 빠른 속도의 인터넷을 추구하는 시대다. 속도는 바쁨을 낳고, 바쁨은 산만함을 낳고, 산만함은 불안을 낳는다. 어느 때보다 사람들은 불안해하며 안정감이 없다. 기대하는 시간보다 조금만 늦어지면 당황해한다. 많은 사람이 조급증에 시달리고 있다.

　속도의 시대에 속도를 무시하는 것은 어리석은 것처

럼 보인다. 속도가 정말 필요할 때가 있다. 응급환자에게 속도는 생명이다. 산불이 났을 때 또는 배가 좌초되었을 때, 속도는 생명이다. 암의 정확한 진단과 암이 더 커지기 전에 수술하는 것도 속도와 관련 있다. 그런 면에서 속도는 중요하다. 위기가 닥치면, 침착하면서도 빠르게 대응해야 한다. 위기에 잘 대처하면, 오히려 위기를 기회로 만들 수 있다. 필요할 때 속도감 있게 대처하는 것은 지혜다.

그러나 우리는 속도를 무시하지 않으면서도 어느 정도 늦출 줄 알아야 한다. 영혼은 고요한 것을 좋아하고, 느린 것을 좋아하기 때문이다. 영혼은 너무 시끄럽거나 너무 빠른 것을 싫어한다. 우리 영혼이 고요하고 잠잠해지기 위해서는 속도를 늦추고 잠시 멈출 줄 알아야 한다.

◇◇◇

잠시 멈춤은 '삶의 예술'이다. 잠시 멈추는 이유는 여유를 갖기 위해서다. 창의력은 잠시 멈추는 여유에서 나온다. 많이 생각하고 숙고하는 것과 함께 여유를 가질 때 놀라운 아이디어가 떠오른다. 잠시 멈출 때, 신비로운 영감이 임하고 이전에 생각지 못했던 아이디어가 떠오르는 것을 경험하게 된다. 여유는 동양화에서 만나는 여백과도 같다. 동양화는 모든 것을 꽉 채우지 않는다. 우리는 꽉 채우지 않는 여백에서 여운을 느끼고, 바로 이 여백에서 상상력이 꽃을 피운다.

잠시 멈춤은 '응시'다. 응시(凝視)는 자세히 살피고, 깊이 보는 것이다. 우리는 건성으로 볼 때가 많다. 깊이 보면 올바로 보게 되고, 올바로 볼 때 올바로 분별할 수 있다. 깊이 보면 전에 보지 못했던 것을 보게 된다. 우리는 올바로 보는 훈련을 받지 못했다. 그 결과, 올바로 보지 못하고 깊이 보지도 못한다. 계속 움직이면 볼 수 없다. 보기 위해서는 멈추어야 한다.

응시의 기술은 익숙한 것이 낯설게 느껴질 때까지 보는 것이다. 낯설게 느껴질 때, 새롭게 느껴진다. 나태주 시인은 응시의 기술을 통해 누구나 좋아하는 〈풀꽃〉이라는 짧은 시를 선물해 주었다.

자세히
보아야 예쁘다
오래 보아야
사랑스럽다
너도 그렇다

잠시 멈춤은 '누림'이다. 인생의 비극은 자신이 무엇을 소유하고 있는지 모르는 것이며 그 소유한 것을 누리지 못하는 것이다. 우리는 행복의 파랑새를 찾아 나섰다가 실패하고 집에 돌아와서야 만나게 된다. 행복은 우리 가까이에 있다. 일상 속에 행복이 담겨 있다. 잠시 멈춤은 '음미의 예술'이다. 음식의 맛과 향을 음미하기 위해서는 천천히 먹어야 한다. 아름다운 음악과 그림을 음미하기 위해서는 잠시 멈출 줄 알아야 한다. 너무 바쁘게 살면, 삶을 음미하지 못한다. 잠시 멈추는 사람만이 누릴 수 있다. 그래서 잠시 멈춤은 삶의 예술이다.

◈

고독은 길이다

      고독은 깊은 기도로 들어가는 길이다. 리더는 깊은 기도를 드릴 수 있어야 한다. 기도는 신비에 속한다. 하나님이신 예수님과 성령님이 기도하신다. 하나님은 기도로 세계를 움직이신다. 하나님은 기도로 사람들의 마음을 움직이신다. 우리가 기도할 때, 천사가 동원된다. 우리가 기도할 때 사람들이 움직이고, 우주가 움직인다. 기도는 정말 놀라운 능력이다. 기도는 천국의 원리다.

    기도의 차원은 다양하다. 기도 가운데 은밀한 골방 기도가 있다. 하나님은 은밀한 골방에서 드리는 기도를 들으신다. 하늘에 계신 아버지께서 골방에서 드리는 기도에 응답하신다(마 6:6). 골방 기도는 고독한 기도다. 아무도 보지 않는 기도다. 오직 유일한 청중이신 하나님이 보고 아신다. 리더는 골방 기도를 드리는 사람이다. 다니엘은 평생 골방 기도를 드렸다(단 6:10).

◇◇◇

고독의 기도는 골방 기도에 뿌리를 둔다. 고독의 기도는 홀로 하나님 앞에서 드리는 기도다. 고독의 기도는 깊은 기도이며 깊은 기도가 깊이 있는 리더를 만든다. 리처드 포스터는 "오늘날 절실히 요청되는 사람은 지능이 높거나 혹은 재능이 많은 사람이 아니라 깊이가 있는 사람"이라고 말한다. 존 울만은 "당신은 깊이 있는 삶을 살아야 한다. 그렇게 할 때 당신은 사람들의 심령을 이해할 수 있고 느낄 수 있다"고 말했다. 리더가 깊이 있는 사람이 되어야 하는 이유는 사람들의 깊은 내면의 고통을 보고, 그 고통을 어루만져 주기 위해서다.

깊은 기도는 무엇인가를 간구하는 기도를 넘어 성삼위 하나님의 친교 속으로 들어가는 기도다. 마르바 던은 기도를 "성삼위 하나님의 대화를 엿듣는 것"이라고 말했다. 성삼위 하나님의 대화를 엿듣기 위해서는 침묵해야 한다. 침묵하지 않으면 엿들을 수 없다. 침묵할 때, 우리 영혼의 귀가 열린다. 영혼의 귀는 하나님의 음성을 듣는 데 민감하다.

깊은 기도 속으로 들어갈 때, 우리는 성삼위 하나님의 친교 속으로 들어가게 된다. 그때 우리는 사귐의 누림을 경험하게 된다. 요한은 "우리의 사귐은 아버지와 그의 아들 예수 그리스도와 더불어 누림이라"(요일 1:3)라고 말했다. 깊은 기도는 친밀한 기도이며 하나님과 사랑을 나누는 기도다. 깊은 기도는 하나님과 연합하는 기도다. 깊은 기도란 하나님이 우리 안에 거하시고, 우리가 하나님 안에 거하는 기도다.

◇◇◇

세상의 쾌락과 탐욕과 탐심과 재리의 유혹 속에 있으면, 깊은 기도를 드릴 수가 없다. 깊은 기도를 드리기 위해서는 우리가 하나님 외에 붙잡고 있는 것을 내려놓아야 한다. 그때 우리는 격한 고독을 경험하게 된다. 격한 고독은 우리 영혼을 차분하게 만들어 준다. 우리 영혼을 고요하게 만들어 준다. 들뜬 마음으로는 깊은 기도를 드릴 수 없다. 사실, 우리 인생에서 들뜬 마음이 나쁜 것만은 아니다. 어릴 적 소풍 가는 날을 기다리던 내 마음은 들뜬 마음이었다. 사랑하는 사람을 만나기 전에도 내 마음은 들뜬 마음이었다. 하지만 깊은 기도 속으로 들어가기 위해서는 들뜬 마음을 고요한 마음으로 바꿀 필요가 있다.

시편은 깊은 바다가 우리를 부른다고 노래한다(시 42:7). 깊은 바다가 서로를 부르는 소리를 듣는 것처럼 깊은 기도가 우리를 부르는 소리를 들어야 한다. 깊은 기도를 통해 깊으신 하나님을 만나게 된다. 하나님의 깊은 지혜를 얻게 된다(롬 11:33). 성령님을 통해 하나님의 깊은 세계를 깨닫게 된다(고전 2:10). 예수님은 베드로에게 "깊은 데로 가서 그물을 내려 고기를 잡으라"(눅 5:4)고 말씀하셨다. 예수님은 우리에게 깊은 기도 속으로 들어오라 말씀하신다. 리더는 깊은 기도 속으로 들어가야 한다. 그래야 깊이 있는 사람이 된다.

하나님은
고독의 시간에 일하신다

      리더는 정기적으로 고독한 시간을 가져야 한다. 고독한 시간은 하나님 앞에 머물면서 아무것도 하지 않는 시간이다. 리더의 분주함은 어리석음을 드러낸다. 분주하지 않으면, 오히려 불안해하는 리더가 있다. 리더는 자신의 분주함이 무엇을 위한 것이며, 누구를 위한 것인지를 생각해 보아야 한다. 리더는 고요함을 상실할 정도로 분주해서는 안 된다. 리더가 고요한 마음을 가꾸는 길은 정기적으로 아무것도 하지 않는 시간을 갖는 것이다.

  파스칼은 "인간의 모든 불행은 방 안에 가만히 있지

못하기 때문에 시작된다"고 말했다. 리더의 불행도 마찬가지다. 혼자 가만히 있지 못하는 리더는 불행하다. 자신만 불행할 뿐 아니라 주위 사람들까지 불행하게 만든다. 홀로 조용히 지낼 수 있는 리더는 안정된 리더다. 리더는 열심히 일할 때와 아무것도 하지 않을 때를 분별해야 한다. 유진 피터슨은 "때로는 하나님을 위해 무언가 '하는 것'보다 '하지 않는 것'이 훨씬 더 중요하다"고 말했다.

◇◇◇

하나님은 이따금 리더를 아무것도 할 수 없는 상황으로 이끄신다. 아무것도 할 수 없게 만들어 벼랑 끝에 서게 하신다. 아무것도 할 수 없을 때, 리더는 잠잠히 하나님만 바라보게 된다. 하나님만 바라볼 때, 하나님이 일하시는 것을 보게 된다. 이스라엘 백성들이 홍해 앞에 이르렀을 때, 그들은 두려워했다. 앞에는 홍해가 가로막고 있고, 그들 뒤에는 바로의 군대가 추적해 오고 있었기 때문이다. 모세가 할 수 있는 것은 아무것도 없었다. 그때 모세는 이스라엘 백성들에게 가만히 있어 하나님이 일하시는 것을 보라고 말했다.

"모세가 백성에게 이르되 너희는 두려워하지 말고

가만히 서서 여호와께서 오늘 너희를 위하여 행하시는 구원을 보라 … 여호와께서 너희를 위하여 싸우시리니 너희는 가만히 있을지니라"(출 14:13-14).

우리가 일하면 소득 없이 분주할 뿐이지만, 우리가 잠잠히 기도할 때 하나님이 일하시는 것을 보게 된다. 우리가 바쁘게 움직이면 하나님의 음성을 들을 수 없다. 하나님의 인도를 받을 수 없다. 하나님이 우리를 위해 일하시는 것을 볼 수 없다. 우리가 잠잠히 하나님을 바라볼 때, 하나님이 구원을 베풀어 주신다. 시편 저자는 "나의 영혼이 잠잠히 하나님만 바람이여 나의 구원이 그에게서 나오는도다"(시 62:1)라고 노래한다. 우리가 가만히 있을 때, 하나님이 어떤 분이신가를 더욱 잘 알게 된다.

"너희는 가만히 있어 내가 하나님 됨을 알지어다"(시 46:10).

◇◇◇

하나님은 일하시는 분이지만, 안식하시는 분이기도 하다. 하나님은 일을 마치고 안식하셨다(창 2:2). 하나님은 우리에게도 안식하라고 명하신다(출 20:8). 안식은 하나님의 지혜다. 하나님은 우리가 아무것도 하지 않음으로써 더욱 풍성한 삶을 살게 하신다. 더욱 지혜로운 리더가 되게 하신다. 유진 피터슨은 "성경적인 '아무 일도 안 하기'는 나태도 아니고 스토아 철학적 개념도 아니다. 그것은 다름 아닌 전략이다"라고 말했다.

큰 군대 앞에 선 여호사밧은 아무것도 할 수 없었다. 그의 고백을 들어보라.

"우리 하나님이여 그들을 징벌하지 아니하시나이까 우리를 치러 오는 이 큰 무리를 우리가 대적할 능력이 없고 어떻게 할 줄도 알지 못하옵고 오직 주만 바라보나이다"(대하 20:12).

그는 아무것도 할 수 없게 되었을 때 주만 바라보았다. 그가 주만 바라보았을 때, 하나님이 이스라엘 백성을 위해 대신 싸워 주셨다. 여호사밧 왕이 아무것도 하지 않고, 하나님만 바라본 것은 최상의 전략이었다.

예수님은 십자가 위에서 아무것도 하지 않으셨다. 사람들은 예수님에게 "네가 만일 하나님의 아들이어든 자기를 구원하고 십자가에서 내려오라"(마 27:40)고 외쳤다. 하지만 예수님은 십자가에서 내려오지 않으셨다. 십자가에서 아무것도 하지 않으시는 지혜로 전 인류를 구원하셨다.

2

리더는 언제 고독을
느끼는가

무시당할 때 고독하다

　나는 목회의 길에 들어서면서 모든 사람의 존경을 받는 목회자가 되고 싶었다. 모든 사람의 인정을 받는 목회자가 되고 싶었다. 하지만 그런 나의 바람은 환상이라는 사실을 곧 경험할 수 있었다. 전도사 시절을 거쳐 목사 안수를 받기 위해 교회에서 투표를 했다. 나는 많은 사람이 나의 목사 안수를 환영해 줄 줄 알았다. 하지만 현실은 냉혹했다. 투표하기 전에 한 분이 나와서 발언하셨다. 강준민 전도사가 목사 안수를 받아도 되는지 잘 모르겠다는 내용이었다. 평소에 나를 아끼고 좋아한다는 분의 발언이어서 더 큰 충격으로 다가왔다.

투표 결과가 많은 것을 깨닫게 해 주었다. 겨우 3분의 2를 통과한 것이다. 내가 목사 안수를 받는 것을 반대하는 분들이 생각보다 많았다. 투표를 마치고 본당을 나오는 길에 아내가 맨 뒷자리에 앉아 하염없이 눈물을 흘리고 있는 모습을 보았다. 남편이 목사 안수받는 것을 반대하는 사람들이 생각보다 많다는 사실에 마음 아파서 흘리는 눈물 같았다. 나는 왜 울었는지 묻지 않았다. 다만 모든 사람의 존경과 인정을 받는 것을 내려놓기로 했다.

◇◇◇

리더는 모든 사람에게 존중받으려는 기대를 내려놓아야 한다. 리더가 걷는 길에는 그를 무시하고 업신여기고 조롱하는 사람들을 만난다는 것을 알아야 한다. 느헤미야가 예루살렘 성벽을 재건하기 위해 예루살렘에 도착했을 때, 그를 업신여기는 사람들을 만났다.

"호론 사람 산발랏과 종이었던 암몬 사람 도비야와 아라비아 사람 게셈이 이 말을 듣고 우리를 업신여기고 우리를 비웃어 이르되 너희가 하는 일이 무엇이냐 너희가 왕을 배반하고자 하느냐 하기로"(느 2:19).

산발랏과 도비야와 게셈은 느헤미야를 업신여기며

비웃었다. 그가 하는 일을 폄하했다. 끈질기게 반대하고 공격했다.

엘리야의 뒤를 이어 이스라엘의 선지자가 된 엘리사가 처음부터 존경을 받았던 것은 아니다. 엘리야는 그 당시 선지자 중의 선지자였다. 하늘에서 불을 내리고 비를 내린 사람이었다. 그의 후계자가 된다는 것은 결코 쉬운 일이 아니었다. 엘리사가 마침내 이스라엘의 선지자가 되었을 때 작은 아이들까지 그를 조롱했다.

"엘리사가 거기서 벧엘로 올라가더니 그가 길에서 올라갈 때에 작은 아이들이 성읍에서 나와 그를 조롱하여 이르되 대머리여 올라가라 대머리여 올라가라 하는 지라"(왕하 2:23).

어린아이들까지 자신을 대머리라고 놀려 댈 때, 그는 고독했을 것이다. 그가 어린아이들을 향해 보인 반응은 이해하기 어렵지만, 그의 고독만큼은 읽어 낼 수 있다.

나는 종종 다윗이 아기스 왕 앞에 살아남기 위해 미친 체한 장면을 떠올려 보곤 한다.

"다윗이 … 가드 왕 아기스를 심히 두려워하여 그들 앞에서 그의 행동을 변하여 미친 체하고 대문짝에 그적거리며 침을 수염에 흘리매"(삼상 21:12-13).

미친 체하는 정도가 아니었다. 대문짝에 끄적거리며 수염에 침을 흘렸다. 골리앗 앞에서 용맹스러웠던 다윗이 그토록 초라한 모습으로 가드 왕 아기스 앞에서 미친 사람이 되었다. 아기스는 신하들에게 "이 사람이 미치광이로다"(삼상 21:14)라고 말했다. 그날 다윗은 처절하게 고독했을 것이다. 리더는 때로 다윗처럼 추한 모습을 보일 때도 있어야 한다. 그 이유는 리더가 살아남아야 그에게 주어진 사명을 완수할 수 있기 때문이다.

◇◇◇

예수님은 사람들의 무시를 당하셨다. 유대인들이 예수님에게 귀신 들렸다고 말했다(요 8:48). 그들에게 예수님은 다음과 같이 대답하셨다.

"예수께서 대답하시되 나는 귀신 들린 것이 아니라 오직 내 아버지를 공경함이거늘 너희가 나를 무시하는도다"(요 8:49).

예수님은 스스로 무시를 당했다고 말씀하신다. 예수님이 무시를 당하셨다면, 우리도 무시당하는 것을 당연히 여겨야 한다. 리더는 존중받지 못하고 무시를 당할 때 고독하다. 하지만 그 고독을 이겨 내야 사명을 완수할 수 있다.

사막을 건널 때 고독하다

　　리더는 사막을 건너는 사람과 같다. 사막은 외로운 곳이다. 끝이 보이지 않는 위험한 곳이다. 광야와 사막은 다른 것 같지만 하나다. 광야는 사막과 연결되어 있다.

　"외치는 자의 소리여 이르되 너희는 광야에서 여호와의 길을 예비하라 사막에서 우리 하나님의 대로를 평탄하게 하라"(사 40:3).

　광야가 곧 사막이다. 하나님은 광야에 길을 내시고, 사막에 강을 내시는 분이다.

　"보라 내가 새 일을 행하리니 이제 나타낼 것이라 너

희가 그것을 알지 못하겠느냐 반드시 내가 광야에 길을 사막에 강을 내리니"(사 43:19).

모세는 이스라엘 백성들을 광야로 인도하는 리더였다. 그는 사막의 가이드와 같은 역할을 했다.

◇◇◇

이진희 목사님은 그의 책《광야를 살다》에서 광야에 들어갈 때는 두 가지가 필요하다고 말한다. 하나는 낙타이고 또 하나는 가이드다.

"낙타 없이 광야에 들어가면 살아서 나올 수가 없다. 가이드도 마찬가지다. 가이드 없이는 절대로 광야에 들어갈 수도, 광야에서 살아나올 수도 없다. 광야에는 지도가 없고, 길이 없다. 그래서 광야에서는 가이드가 절대적으로 필요하다"(이진희,《광야를 살다》, 두란노, 133쪽).

하나님이 모세로 하여금 사막에서 40년을 보내게 하신 이유가 있다. 바로 히브리 민족을 사막으로 인도하는 가이드로 사용하시기 위해서다. 사막은 머무는 곳이 아니라 통과하는 곳이다. 사막은 영원히 사는 곳이 아니라 가나안 땅을 향해 나아가는 곳이다. 인생을 '정상을 정복하는 과정'에 비유하는 사람이 많다. 그러나 이것은 성경적인 비유가 아니다. 성경적인 의미에서 인생은 사막을 건너는 것이다. 하나님의 백성은 나그네다. 본향을 향해 길을 떠난 순례자다. 즉 장막 인생이다. 장막은 영원히 머물기 위한 도구가 아니라 이동하는 데 필요한 도구다. 아브라함은 장막 인생을 살았다(히 11:9).

◇◇◇

중요한 것은 사막을 잘 건너야 가나안에 들어갈 수 있다는 사실이다. 사막을 건너는 것은 고독한 길이다. 사막에서 깊은 고독을 경험한 오르텅스 블루의 《사막》이란 시를 소개하고 싶다.

그 사막에서 그는
너무도 외로워
때로는 뒷걸음질로 걸었다
자기 앞에 찍힌
발자국을 보려고

얼마나 외로웠으면 스스로 뒷걸음질해서 자신의 발자국을 보려고 했을까. 리더는 외롭게 사막을 건너는 사람이다. 또한 자기를 따르는 사람들을 사막의 길로 인도하는 사람이다. 사막을 건널 때, 제일 중요한 것은 살아남는 것이다. 살아남아야 가나안에 들어갈 수 있다. 살아남는 것, 살아내는 것만큼 위대한 일은 없다. 사막의 가이드로 부름 받은 모세는 늘 외로웠다. 수많은 백성이 오히려 그를 더욱 외롭게 만들었다.

우리는 사막에 들어서는 것을 두려워한다. 하지만 하나님의 사람들은 사막을 사랑했다. 그 이유는 고요한 사막에서 하나님의 임재를 체험하고, 하나님의 음성을 들을 수 있었기 때문이다. 하나님은 사막에서 황금보다 생수를 공급해 주신다. 사막에서는 황금보다 생수가 중요하다. 사막을 피할 수 없다면, 사막을 사랑하라. 사막에 갈 수 없다면, 내면에 사막을 품고 살라. 리더는 고독이라는 대가를 치러야 한다.

◆

부르심을 받을 때 고독하다

리더는 하나님의 부르심을 받은 사람이다. 그
부르심을 "소명"이라고 부른다. 부르심을 받은 자는 보
내심을 받는다. 그 보내심을 "사명"이라고 부른다. 리더
가 하나님의 부르심을 받을 때, 경험하는 것이 고독이
다. 부모와 가장 가까운 친척도 그의 부르심을 이해하
지 못한다. 리더의 부르심은 오직 하나님과 리더 자신
과의 대면 속에서 이루어진다. 부르심을 받은 리더들은
대부분 내면에서 심각한 갈등을 겪는다. 대부분 하나님
의 부르심에 부정적인 반응을 보이는데, 그 이유는 하
나님의 부르심이 너무 역설적이기 때문이다.

하나님은 세상적으로 유력하고 대단한 사람을 부르시지 않는다. 오히려 세상적으로 볼 때 가장 비천한 자들, 멸시당하는 자들, 그리고 연약한 자들을 부르신다.

"형제들아 너희를 부르심을 보라 육체를 따라 지혜로운 자가 많지 아니하며 능한 자가 많지 아니하며 … 하나님께서 세상의 천한 것들과 멸시받는 것들과 없는 것들을 택하사 있는 것들을 폐하려 하시나니"(고전 1:26-28).

하나님이 모세를 부르셨을 때, 그의 반응은 부정적이었다.

"모세가 하나님께 아뢰되 내가 누구이기에 바로에게 가며 이스라엘 자손을 애굽에서 인도하여 내리이까"(출 3:11).

그는 하나님께 본래 자기는 말을 잘하지 못한다고 항변한다. 나중에 그는 "오 주여 보낼 만한 자를 보내소서"(출 4:13) 하고 거세게 저항한다. 모세는 애굽 사람을 쳐 죽인 살인자였다. 그는 히브리 노예의 아들이었다. 바로 왕의 추격을 받아 광야로 도망간 그는 열등의식과 무력감에 빠져 있었다. 하나님은 모세가 깨어지고 부서졌을 때 그를 부르셨다.

◇◇◇

하나님이 예레미야를 부르셨을 때, 그의 반응 역시 부정적이었다.

"내가 이르되 슬프도소이다 주 여호와여 보소서 나는 아이라 말할 줄을 알지 못하나이다"(렘 1:6).

하나님은 자신을 가리켜 아이라고 말하는 예레미야에게 놀라운 말씀을 주셨다.

"보라 내가 오늘 너를 여러 나라와 여러 왕국 위에 세워 네가 그것들을 뽑고 파괴하며 파멸하고 넘어뜨리며 건설하고 심게 하였느니라 하시니라"(렘 1:10).

그는 일평생 고독한 삶을 살았지만, 하나님이 맡기신 사명을 다했다. 바울이 예수님을 만나 부르심을 받았을 때, 그의 부르심은 고독한 부르심이었다. 그 이유는 그가 받은 사명과 함께 그가 받을 고난이 컸기 때문이다. 예수님이 아나니아를 통해 전해 주신 바울의 사명과 고난을 들어보라.

"이 사람은 내 이름을 이방인과 임금들과 이스라엘 자손들에게 전하기 위하여 택한 나의 그릇이라 그가 내 이름을 위하여 얼마나 고난을 받아야 할 것을 내가 그에게 보이리라"(행 9:15-16).

하나님의 부르심을 따라가는 것은 두려운 영광이다.

바울은 복음을 위해 엄청난 고난을 감수했다. 그는 스스로 "비방자요 박해자요 폭행자"(딤전 1:13)였다고 고백했다. 하나님은 완벽한 사람을 사용하시기보다는 오히려 흠 많은 사람을 불러 사용하신다.

◇◇◇

내가 목회자로 부름 받았을 때, 이해할 수 없었다. 무엇보다 두려웠다. 그 이유는 스스로 생각할 때 미천하고 소심한 사람이었기 때문이다. 어머님은 믿음이 깊으셨기 때문에 좋아하셨지만, 아버님은 반대하셨다. 친척들도 이해하지 못했다. 나는 하나님의 부르심을 몇 차례 거부하다가 결국 하나님의 부르심에 순종했다. 하지만 그 길이 얼마나 고독한 길인지는 예측할 수 있었다. 예수님은 하나님의 부르심을 받고, 하나님 아버지의 품을 떠나 이 땅에 내려오셨다. 예수님은 일평생 고독하게 사셨다. 예수님의 제자들은 부르심을 받고, 배와 부친을 버려둔 채 예수님을 따라갔다(마 4:22). 그들도 고독한 길을 걸었다. 하나님의 부르심을 따라 산다는 것은 고독한 일이다.

◈

앞서갈 때 고독하다

훌륭한 리더는 사람들을 앞서가며 인도한다. 반면에 나쁜 리더는 뒤에서 사람들을 몰아간다. 탁월한 리더는 앞서 보는 사람이다. 앞서 보는 것을 선견(先見)이라 하고, 앞서 보는 사람을 선견자라 한다. 리더는 선견만 해서는 안 된다. 바로 보아야 한다. 즉 정견(正見)할 줄도 알아야 한다. 올바로 보아야 올바로 인도할 수 있다. 선견한다는 것은 예견(豫見)하는 것을 의미한다. 미래를 예견하는 능력을 예견력이라 한다. 리더는 하나님이 아니다. 그래서 미래를 온전히 알 수 없다. 하지만 리더라면 미래를 어느 정도 예측할 수 있는 예견력이 있어야 한다. 예견력이 있다는 것은 혜안(慧眼)이 있다는 것을 의미한다. 혜안이란 사물을 꿰뚫어 보는 안목과 식견을 말한다.

리더와 따르는 사람 사이에는 분명한 차이가 있어야 한다. 리더는 따르는 사람들보다 앞서 생각하고, 앞서 바라보아야 한다. 이것이 리더와 팔로워를 구별한다. 그런 까닭에 리더는 언제나 앞을 내다보는 안목을 키워야 한다.

◇◇◇

리더는 선각자다. 선각(先覺)이란 앞서 깨닫는 것을 의미한다. 선각자가 될 때, 다른 사람을 깨우칠 수 있다. 리더는 먼저 깨닫고, 자신이 깨달은 것으로 다른 사람을 깨우치는 사람이다. 성경은 "주 여호와께서 학자들의 혀를 내게 주사 나로 곤고한 자를 말로 어떻게 도와줄 줄을 알게 하시고 아침마다 깨우치시되 나의 귀를 깨우치사 학자들같이 알아듣게 하시도다"(사 50:4)라고 말한다. 리더에게 필요한 것은 '학자의 혀'다. 리더는 곤고한 사람들을 말로 도와줄 줄 알아야 한다.

리더는 선구자다. 선구자(先驅者)란 '말을 탄 행렬에서 맨 앞에 선 사람'이다. 선구자란 어떤 일이나 사상에서 다른 사람보다 앞선 사람이다. 선구자는 그런 면에서 개척자다. 남들이 생각하지 못한 것을 생각하고, 남들이 꿈꾸지 못한 것을 꿈꾸는 사람이다. 선구자의 역할은 곧 개혁자의 역할이다. 지금 주어진 현실에 대해 거룩한 불만족을 품고, 더 나은 미래를 꿈꾸는 사람이 선구자다. 사람들은 누구나 고통스러운 현실보다 더 나은 미래를 꿈꾸며 살아간다. 그런 길을 제시하는 사람을 따라간다. 리더란 더 나은 미래에 대한 비전을 제시하며 사람들을 인도하는 사람이다.

앞서 인도한다는 것은 결코 쉬운 일이 아니다. 앞서 가는 리더를 사람들은 쉽게 오해한다. 그 이유는 앞서 가는 리더가 본 것을 팔로워들은 보지 못하기 때문이다. 보지 못하기 때문에 이해하지 못하고, 오해한다. 리더는 더 나은 미래를 앞서 보기 때문에 그곳으로 사람들을 인도한다. 하지만 팔로워들은 그것을 보지 못하기 때문에 원망한다. 그 길을 자세히 보여 주어도 그 길을 가는 과정이 힘들 때는 리더를 원망한다.

모세는 고독한 리더의 길을 걸었다. 광야 40년 동안 이스라엘 백성들은 수없이 모세를 원망했다. 그 이유는 모세가 본 가나안 땅을 그들은 보지 못한 까닭이다. 하나님은 모세에게 가나안 땅을 보여 주셨다. 또한 여호수아와 갈렙은 가나안의 지도를 갖고 있었지만, 이스라엘 백성들은 가나안보다는 당장 편하고 배 불리게 하는 길을 원했다.

◇◇◇

예수님이 앞서 인도하실 때, 사람들은 예수님을 이해하지 못했다. 성경은 "자기 양을 다 내놓은 후에 앞서 가면 양들이 그의 음성을 아는 고로"(요 10:4) 따라간다고 말한다. 예수님은 앞서 인도하시는 목자이시지 뒤에서 사람들을 몰아가며 위협하시는 분이 아니다. 예수님은 앞서 인도하시고, 사랑과 헌신으로 인도하시는 분이다. 사람들을 두려움으로 인도하시는 분이 아니다. 예수님은 율법보다 더 나은 복음의 길로 사람들을 인도했지만, 사람들은 예수님을 이해하지 못했고 오히려 십자가에 못 박았다. 예수님은 고독한 리더의 길을 걸으셨다. 리더가 가는 길은 오해를 받는 길이며 십자가에 못 박히는 길이다. 리더는 화려한 모습으로 사람들 앞에 서지만, 그의 뒤에서는 고난이 친구처럼 따라다닌다.

홀로 남았다고 느껴질 때
고독하다

리더는 홀로 남아 있을 때 고독함을 느낀다. 리더는 모든 사람이 떠난 자리에 홀로 남아 있는 사람이다. 그래서 외롭다. 때로는 수많은 사람 앞에서 말하고, 박수를 받기도 한다. 하지만 그 많은 사람이 떠난 자리에 홀로 남아 있다는 것은 외로운 일이다.

엘리야는 갈멜산 전투에서 850대 1의 전투를 벌였다. 정말 대단한 영적 전쟁이었다. 엘리야를 선지자 중의 선지자로 위대하게 만든 전투였다. 그는 기도하는 중에 하늘에서 불을 내렸다. 하나님이 그의 기도에 응답하셔서 하늘에서 불을 내려 주신 것이다. 영적 전쟁에서 승리한 엘리야는 바알의 선지자 450명을 기손 시내로 데려다가 거기서 죽였다(왕상 18:40). 영적 전쟁이 끝난 후에 그는 극심한 침체 속으로 들어간다. 그 이유는 하늘에서 불이 임하는 하나님의 역사를 보고도 백성들이 변화하지 않았기 때문이다. 게다가 이세벨의 공격까지 치열했다. 그를 죽이겠다고 위협했다(왕상 19:2). 갈멜 산에서 그토록 담대했던 엘리야가 이세벨의 위협 앞에 무너졌다. 엘리야는 자기 생명을 위해 브엘세바로 도망했다(왕상 19:3).

◇◇◇

리더에게는 양면성이 있다. 용기와 두려움이다. 이것은 리더들이 경험하는 역설이다. 사람들 앞에서 용맹스러웠던 리더가 어느 순간 두려움에 빠져든다. 용기와 두려움은 극과 극이다. 그러나 이 둘이 동행하며 리더를 움직인다. 리더는 용기에 움직이지만, 두려움에도 움직인다. 두려움이 공격할 때, 그 공격에 가끔 쓰러진다. 언제 리더가 두려움에 쓰러지는 것일까? 큰 성공 후에 찾아오는 공허와 두려움 때문에 쓰러질 수 있다. 엘리야의 경우가 그렇다.

엘리야는 생명의 위협을 받고 두려움 속에서 광야

로 들어간다. 로뎀 나무 아래 홀로 앉아 죽기를 원한다.

"자기 자신은 광야로 들어가 하룻길쯤 가서 한 로뎀 나무 아래에 앉아서 자기가 죽기를 원하여 이르되 여호와여 넉넉하오니 지금 내 생명을 거두시옵소서 나는 내 조상들보다 낫지 못하니이다 하고"(왕상 19:4).

갈멜산의 엘리야와 로뎀 나무 아래 쓰러져 있는 엘리야를 비교해 보라. 얼마나 대조적인가? 사람들은 리더는 모두 강인한 인간이라고 생각하는 경향이 있다. 늘 용맹을 발해야 한다고 생각한다. 하지만 실제는 그렇지 않다.

침체에서 회복한 엘리야가 하나님을 만나자 이렇게 고백한다.

"그가 대답하되 내가 만군의 하나님 여호와께 열심이 유별하오니 이는 이스라엘 자손이 주의 언약을 버리고 주의 제단을 헐며 칼로 주의 선지자들을 죽였음이오며 오직 나만 남았거늘 그들이 내 생명을 찾아 빼앗으려 하나이다"(왕상 19:14).

그는 자신만이 홀로 남았다고 하나님께 아뢴다. 엘리야의 말을 들으신 하나님은 그에게 바알에게 무릎을 꿇지 않은 칠천 명을 남겼다고 대답하셨다(왕상 19:18).

◇◇◇

리더의 고독은 오직 혼자 남았다고 생각할 때 느끼는 고독이다. 때로는 함께하는 사람들이 많아도 혼자 있다는 생각에 사로잡힐 때가 있다. 이것은 리더가 경험하는 고독이다.

예수님은 오병이어의 기적을 일으키신 후에 자신의 살과 피가 참된 양식이요, 참된 음료라고 말씀하셨다(요 6:55). 그 말씀을 들은 예수님의 제자 중에 많은 사람이 떠나가고, 더 이상 예수님과 함께 다니지 아니했다(요 6:66). 그때 예수님이 열두 제자에게 물으셨다. "너희도 가려느냐"(요 6:67). 이 짧은 말씀에서 예수님의 고독이 느껴진다. 인성을 입으신 예수님은 많은 제자가 떠나가는 것을 보시고 고독을 느끼신 것 같다. 결국, 예수님의 열두 제자도 십자가 앞에서 예수님을 떠나갔다. 예수님을 따르던 수많은 사람이 예수님 곁을 떠났다. 예수님은 홀로 십자가를 향해 걸어가셨다. 바로 그 길이 리더가 걸어가야 할 길이다.

사람들이 곁을 떠날 때
고독하다

리더는 함께 있던 사람들이 떠날 때 고독을 경험한다. 믿음의 조상 아브라함은 조카 롯이 그의 곁을 떠날 때 격한 고독을 경험했다. 갈대아 우르를 떠나 가나안 땅에 도착한 아브라함에게 조카 롯은 아들과 같았다. 그는 조카 롯을 그의 후사로 여길 만큼 아꼈다. 하지만 그들의 소유가 많아지자 그들은 이제 동거할 수 없었다(창 13:6). 심지어 아브라함과 롯의 목자들이 서로 싸우는 일까지 생겼다(창 13:7). 결국, 그들은 헤어지기로 결정했다. 아브라함은 조카 롯에게 먼저 좋은 땅을 선택해서 떠나라고 했다(창 13:8-9). 조카 롯은 매정하게도 먼저 좋은 땅을 선택해서 아브라함 곁을 떠났다.

조카 롯이 티끌을 날리며 떠나던 날 아브라함은 고독했다. 의지할 사람이 없는 타국에서 나그네로 살아가는 그에게 조카 롯은 소중한 존재였다. 그런데 그가 아브라함 곁을 떠난 것이다. 인생은 만남과 이별의 연속이다. 인생이란 패키지 안에는 만남만 있는 것이 아니라 이별도 함께 담겨 있다. 이별을 너무 힘들어하면 리더의 길을 걷기 힘들다. 롯이 떠난 후에 하나님은 아브라함을 찾아오셔서 그를 위로해 주셨다. 눈을 들어 동서남북을 바라보게 하시고, 그 바라본 땅을 주겠다고 약속하셨다(창 13:14-15). 또한 그의 후손을 땅의 티끌처럼 많게 해 주겠다고 약속하셨다(창 13:16).

◇◇◇

바울은 디모데후서에서 자신을 버리고 곁을 떠난 사람들을 언급한다.

"아시아에 있는 모든 사람이 나를 버린 이 일을 네가 아나니 그중에는 부겔로와 허모게네도 있느니라"(딤후 1:15).

"데마는 이 세상을 사랑하여 나를 버리고 데살로니가로 갔고"(딤후 4:10).

"내가 처음 변명할 때에 나와 함께한 자가 하나도 없고 다 나를 버렸으나"(딤후 4:16).

그는 로마의 차가운 옥중에서 사랑하는 영의 아들 디모데에게 마지막으로 편지를 썼다. 그는 죽을 날이 가까워 옴을 알았다.

"전제와 같이 내가 벌써 부어지고 나의 떠날 시각이 가까웠도다"(딤후 4:6).

바로 그런 때에 바울이 영의 아들에게 그를 버리고 떠난 사람들에 관해 기록한 이유가 무엇일까? 그 이유는 그것이 바로 리더가 걸어가야 할 고독한 길임을 가르치기 위함이다.

세례 요한은 고독한 리더였다. 그는 자신이 키운 제자들을 예수님께 보냈다. 그를 찾아왔던 수많은 사람을 예수님께 보냈다. 세례 요한은 자기가 키운 제자들을 자신보다 더 훌륭한 스승에게 보낼 만큼 그릇이 컸다. 그에게서 시기와 질투를 찾아보기 어렵다. 하지만 그는 고독했다. 사랑하는 제자를 떠나보내는 것은 쉬운 일이 아니다. 고독한 일이다. 나중에 그는 헤롯 왕의 잘못을 지적했다가 옥에 갇혔고, 결국 고독하게 죽었다.

＊＊＊

　　예수님의 고독도 예수님의 곁을 떠난 사람들 때문에 경험하신 고독이다. 예수님이 십자가에 대해 말씀하기 전까지 수많은 사람이 예수님을 찾아왔다. 예수님이 가시는 곳마다 인산인해를 이루었다. 그러나 정작 예수님이 십자가에 관해 말씀하시기 시작하자 많은 제자들이 예수님을 떠났다(요 6:66). 예수님이 십자가를 지시자 열두 제자마저 예수님을 버리고 도망갔다(막 14:50). 홀로 십자가를 지고 골고다 언덕을 오르실 때, 예수님은 무척 고독하셨을 것이다.

　　리더는 사람들이 자신을 버리고 떠나는 일을 당연하게 여겨야 한다. 그래야 떠나는 사람들 때문에 겪는 고통을 경감할 수 있다. 나는 이민 목회자로 부름을 받아 이민자들을 섬기고 있다. 이민자들은 모국을 떠나온 경험 때문인지 비교적 쉽게 교회를 떠난다. 교회를 떠나는 분들을 보내는 것은 세월이 흘러도 여전히 힘들다. 그때마다 격한 고독을 느낀다.

배신당할 때 고독하다

리더는 은혜를 베푸는 사람이다. 은혜를 베풀다 보면, 배은망덕(背恩忘德)한 사람들을 만난다. 그때 리더는 고독을 느낀다. 배은망덕이란 누구에게 은혜를 받고도 배신하거나 그 은혜를 망각하는 것이다. 배은망덕이란 적극적으로는 은혜를 베푼 사람을 배신하는 것이며 소극적으로는 은혜에 보답하지 않는 것이다. 즉 받은 은혜를 망각하고, 감사하지 않는 것이다.

우리 인간에게는 배은망덕의 유전자가 있다. 배은망덕의 유전자는 아담의 죄로부터 왔다. 아담은 하나님께 받은 은혜를 저버리고, 선악과를 따 먹었다. 하와와 더불어 옛 뱀, 사탄의 유혹에 빠져들었다. 사탄의 유혹은 아담과 하와를 배은망덕하게 만들었다. 사탄은 하나님이 베푸신 모든 은혜를 망각하게 만들고, 오직 선악과에만 집착하게 만들었다. 아담의 불순종은 배은망덕으로 나타났다. 아담의 원죄를 타고 태어난 인간에게는 배은망덕의 유전자가 있음을 깨달아야 한다. 리더는 인간을 올바로 이해해야 한다. 올바른 이해란 인간은 배은망덕한 존재라는 것이다.

물론, C. S. 루이스가 말한 것처럼 인간 안에는 누구나 알고 있는 '도덕률'이 있다. 누구나 알고 있는 도덕률 중의 하나는 받은 은혜에 감사해야 한다는 것이다. 즉 받은 은혜에 보답해야 한다는 것이다. 누군가가 받은 은혜에 보답하지 않고 배신할 때, 그의 행실을 옳다고 이야기하지 않는다. 배은(背恩)은 옳지 않으며 잘못이다. 임마누엘 칸트는 "배은은 비열함의 핵심"이라고 말했고, 세네카는 "배은은 역겨움"이라고 말했다. 흄은 "배은은 인간이 저지를 수 있는 범죄 중 가장 끔찍하고 부자연스러운 것"이라고 말했다.

◇◇◇

배은은 옳지 않을 뿐 아니라 그 결과가 좋지 않다. 아브라함의 조카 롯은 아브라함에게서 받은 은혜를 망각한 사람이다. 그는 아브라함을 따라와서 아브라함 덕분에 부자가 되었다. 그런데도 두 사람의 소유가 많아져 동거할 수 없게 되었을 때, 아브라함이 그가 좋은 땅을 먼저 선택하도록 배려하자 잽싸게 기름진 땅을 선택하여 아브라함의 곁을 떠났다(창 13:9-11). 그러나 그가 정착한 곳은 심판의 땅 소돔이었다(창 13:12). 조카 롯이 아브라함에게서 받은 은혜를 갚는 길은 아브라함이 좋은 땅을 먼저 선택하게 하는 것이었다. 그런데 그는 그렇게 하지 않았다.

◇◇◇

리더가 경험하는 격한 고독은 가장 많은 은혜를 베푼 사람에게서 배신을 당할 때다. 리더 자신의 사랑과 물질과 시간을 가장 많이 투자해 준 사람이 은혜를 저버릴 때다. 그때 우리는 사람이 어떻게 그럴 수가 있느냐고 탄식한다. 하지만 인간이기에 그럴 수 있다. 예수님이 제자들을 부르실 때 그 가운데 가룟 유다를 선택하신 것은 배은망덕의 교훈을 가르치시기 위함이다.

리더는 배은망덕한 사람을 만날 때 너무 놀라지 않도록 스스로 훈련해야 한다. 배은망덕한 사람을 만나면,

"그럴 수도 있지" 하고 생각해야 한다. 물론, 은혜를 저버리는 사람을 지켜보는 것은 가슴 아프고 고통스러운 일이다. 그런 경험을 할 때, 우리는 사람을 불신하게 된다. 사람을 키우는 일을 포기하고 싶은 유혹을 받게 된다. 하지만 그런 경험 때문에 사람을 키우는 것을 포기해서는 안 된다. 예수님의 모든 제자가 예수님을 저버린 것은 아니다. 가룟 유다를 제외한 모든 제자가 예수님께 헌신했다.

리더는 배은의 아픔 중에도 사람을 사랑하고, 사람을 신뢰하고, 사람을 키워야 한다.

◈

무례한 사람과 만나면
고독하다

　　리더는 무례한 사람들을 만나면 격한 고독을
느낀다. 다윗이 압살롬의 반역으로 왕좌에서 내려와 피
신할 때 시므이가 따라오면서 돌을 던지고, 악담을 퍼
부으며 저주했다.

　"시므이가 저주하는 가운데 이와 같이 말하니라 피
를 흘린 자여 사악한 자여 가거라 가거라"(삼하 16:7).

　시므이는 다윗이 사람을 많이 죽였으므로 화를 자초
했다고 말했다(삼하 16:8). 아비새가 격분하여 다윗에게
시므이의 머리를 베게 해 달라고 간청했지만, 다윗은
그가 저주하게 놓아두라고 명했다. 다윗의 반응이 울림

으로 다가온다.

"또 다윗이 아비새와 모든 신하들에게 이르되 내 몸에서 난 아들도 내 생명을 해하려 하거든 하물며 이 베냐민 사람이랴 여호와께서 그에게 명령하신 것이니 그가 저주하게 버려두라"(삼하 16:11).

하나님은 경계를 중요시하신다. 만물을 창조하실 때, 경계를 정하셨다.

"주께서 땅의 경계를 정하시며 주께서 여름과 겨울을 만드셨나이다"(시 74:17).

땅의 경계뿐 아니라 물의 경계도 정하셨다.

"주께서 물의 경계를 정하여 넘치지 못하게 하시며 다시 돌아와 땅을 덮지 못하게 하셨나이다"(시 104:9).

경계는 넘어서는 안 되는 선이다. 경계를 넘으면, 큰 문제가 생긴다. 바닷물이 경계를 넘으면, 즉 쓰나미가 닥치면 수많은 사람이 죽게 된다. 나라와 나라 사이의 경계를 침범하면, 전쟁이 일어난다.

◇◇◇

정신분석가 이승욱 씨는 "경계선이란 휴전선이나 국경처럼 넘어선 안 되는 어떤 금기를 말한다. 경계를 넘나드는 일은 모든 금기를 위반하는 일이 그러한 것처럼 위험과 고통이 따른다"고 말한다(이승욱,《상처 떠나보내기》, 예담, 15쪽). 또 경계선 성격 장애가 있는 사람들을 조심하라고 권면한다.

"경계선 성격 장애를 가진 사람들은 끊임없이 이 경계를 무너뜨리려 한다. 자신을 중심으로 사람들 사이의 경계를 가로지르고, 경계를 지켜야 할 곳에서 경계를 무너뜨리고, 경계가 없던 곳에 선을 그어 갈등을 일으키는 사람이 있다면 경계선 성격 장애를 가졌다고 할 만하다"(이승욱, 같은 책, 15쪽).

다윗을 괴롭힌 시므이에게서 경계선 성격 장애를 찾아볼 수 있다.

사람과 사람 사이에도 넘어서는 안 될 경계선이 있다. 부부는 친밀한 사이이지만, 부부 사이에도 넘어서는 안 될 선이 있다. 선을 지켜 주는 것을 우리는 예의 또는 예절이라고 부른다. 경계를 넘어서는 것은 예의가 없는 것이며 예절을 지키지 않는 것이다. 이때 관계가 무너지고, 갈등이 심화된다. 리더는 무례한 사람들을 만나면 심한 피곤을 느낀다. 시므이의 끈질긴 무례함이 다윗과 그의 백성 모두를 피곤하게 만들었다(삼하 16:14). 리더는 경계선 성격 장애가 있는 시므이 같은 사람을 지혜롭게 상대해야 한다. 그렇지 않으면 큰 상처를 받을 수 있다.

◇◇◇

다윗의 위대함은 시므이의 무례한 저주를 듣고도 겸손하게 반응한 태도에 있다. 그는 하나님이 시므이를 통해 그를 저주하실 수 있다고 생각했다(삼하 16;11). 그러나 거기서 그치지 않고, 하나님이 그의 원통함을 풀어 주실 것을 기대하며 기도했다.

"혹시 여호와께서 나의 원통함을 감찰하시리니 오늘 그 저주 때문에 여호와께서 선으로 내게 갚아 주시리라"(삼하 16:12).

다윗의 기도는 응답되었다. 그러나 다윗이 왕위에 복귀할 때 찾아온 시므이는 여전히 무례했다. 리더는 무례한 사람까지도 품어야 한다. 그래서 리더의 길은 힘든 길이다.

오해받을 때 고독하다

리더는 오해받는 사람이다. 리더는 사람들이 보지 못하는 것을 보고, 듣지 못하는 것을 듣는 사람이다. 아무도 생각하지 못한 것을 생각하는 사람이다. 그런 까닭에 사람들은 리더를 이해하기보다는 쉽게 오해하고 만다.

리더는 순수한 동기를 오해받을 때 고독하다. 물론, 대부분의 리더는 야심가다. 야심이 없는 리더를 본 적이 없다. 야심은 야망이다. 문제는 무엇을 위한 야심이며 누구를 위한 야망인가를 분별해야 한다는 것이다. 영적 리더는 하나님의 부르심을 받은 사람이다. 하나님이 그에게 맡기신 사명이 있고, 성취해야 할 과업이 있다. 때로는 그 사명이 원대하여 보통 사람은 그 과업의 크기를 측량하기조차 어렵다. 그래서 사람들은 리더의 동기를 오해한다. 그러나 하나님은 우리 마음의 야심을 아시고, 고난을 통해 야심을 정화시키시며 야심이 정화된 자리에 사명이 드러난다.

◇◇◇

리더는 모든 사람에게서 이해받으리라는 기대를 내려놓아야 한다. 하나님의 부르심을 받은 리더는 외로운 길을 걷는다. 리더는 사람들의 뜻이 아닌 하나님의 뜻을 이루는 사람이다. 하나님의 뜻은 하나님의 생각이다. 하나님의 생각은 사람의 생각과 다르며 사람의 생각보다 높고 깊다(사 55:8-9). 인간이 하나님의 생각을 헤아리기는 어렵다.

이 세상에서 가장 많은 오해를 받으시는 분은 하나님이다. 가장 욕을 많이 먹고, 가장 비난을 많이 받으시는 분이다. 예수님이 공생애 동안 받으신 오해를 생각해 보라. 사람들은 예수님을 "먹기를 탐하고 포도주를 즐기는 사람"(눅 7:34)이라 불렀다. 또 예수님을 보고 귀신 들렸다고 하기도 했다(요 8:48). 바리새인들은 예수님이 "귀신의 왕을 의지하여 귀신을 쫓아낸다"(마 9:34)고까지 말했다. 예수님의 친족들은 예수님이 미쳤다고 말했다(막 3:21). 예수님은 대제사장들과 장로들에게서 오해를 받고, 고발을 당하셨다(마 27:12). 거짓 증인들이 나타나 예수님을 고발하기도 했다(마 26:60). 예수님은 숱한 오해를 받으시며 때로는 변론을 펼치셨고, 때로는 침묵하셨다. 하지만 오해받는 것을 두려워하지 않으셨다.

리더는 오해받을 때 스스로 변호할지 아니면 침묵할지를 잘 선택해야 한다. 오해는 비난을 낳는다. 어떤 비난은 구두로, 어떤 비난은 투서로 등장한다. 오해와 비난을 받을 때, 잘 분별해야 한다. 때로는 마음이 불편하더라도 비난하는 글들을 자세히 읽어 봐야 한다. 전혀 근거가 없는 비난은 과감하게 무시해야 한다. 하지만 어떤 비난 속에는 진실이 담겨 있다. 오래전에 목회하던 교회에서 나를 비난하는 글들이 돌아다녔다. 나는 그 글들을 신중하게 읽었다. 자세히 읽는 중에 비난하는 글의 대부분은 사실이 아니었지만, 그 안에도 사실이 있음을 깨달았다. 만약 사실이 아닌 내용을 변명한다면, 사실인 점을 인정해야 했다. 물론, 사실이 아닌 내용이 더욱 많았다. 하지만 나의 부족한 모습을 보여 주는 사실이 어느 정도 있었다. 그런 까닭에 변명하지 않고 침묵했다.

◇◇◇

    리더는 오해의 쓴잔을 마시며 성장한다. 누구도 마시고 싶어 하지 않는 오해라는 쓴잔을 마시는 것은 리더에게 필수다. 모든 사람에게 사랑받고, 모든 사람에게 인정받는다면 그는 진정한 리더가 아니다. 진정한 리더는 반드시 반대에 직면하기 마련이다. 오해를 받는 것은 고통스러운 경험이다. 무엇보다도 동기의 순수성을 오해받는 것은 더욱 고통스럽다. 하지만 리더는 오해의 쓴잔을 피할 수 없다. 리더는 오해를 통해 성장하고, 무르익는다.

◇

비판받을 때 고독하다

비판을 받을 때, 리더는 외롭다. 특별히 전혀 근거가 없는 비판을 받을 때, 격한 외로움을 느끼게 된다. 비판은 리더에게 깊은 상처를 안긴다. 리더가 지속적으로 받는 비판은 자신감을 침식시키고 무력감을 느끼게 만든다. 비판은 리더를 쓰러뜨리는 무서운 화살이다. 그러므로 리더는 비판에 잘 대비해야 한다. 건강한 리더는 비판에 대한 적절한 이해를 갖고 있다. 건강한 리더는 비판에 지혜롭게 반응할 줄 안다. 반면에 건강하지 못한 리더는 비판에 분노하며 적개심을 품고 비판하는 사람을 공격한다. 그 결과는 비극이다.

건강한 리더가 되기 위해서는 비판받는 일을 당연하게 여겨야 한다. 탁월한 리더 중에 비판을 받지 않은 사람은 없다. 〈하퍼스 위클리〉지는 에이브러햄 링컨을 "더러운 거짓말쟁이, 독재자, 도둑, 허풍쟁이, 바로, 약탈자, 괴물, 무식쟁이, 늙은 건달, 날치기, 폭군"이라 불렀다(헤럴드 마이라 & 마셜 셸리, 《빌리 그레이엄의 리더십 비밀》, 생명의말씀사, 96쪽 재인용). 빌리 그레이엄 목사도 거센 비판을 자주 받았다. 예수님이 받은 비판을 생각해 보라. 하나님의 아들이시며, 가장 탁월한 리더이신 예수님을 향한 비판은 신랄했다. 비판을 넘어 조롱하고 희롱했다.

건강한 리더가 되기 위해서는 비판을 성장의 기회로 삼아야 한다. 비판이 모두 나쁜 것은 아니다. 어떤 비판에는 리더가 마땅히 받아야 할 내용이 담겨 있다. 나는 목회 여정에서 나를 비판하는 투서를 받은 적이 있다. 아프지만, 나는 그 투서를 자세히 읽었다. 놀라운 사실은 그 투서 속에 내가 반드시 귀 기울여 들어야 할 비판이 담겨 있었다는 것이다. 그런 까닭에 그 투서에 반박하지 않았다. 변명하거나 스스로 변호하지도 않았다. 지혜로운 사람은 비판을 잘 수용함으로써 성장하는 사람이다. 찰스 스펄전 목사는 "친구에게 나의 약점을 말해 달라고 하라. 더 좋은 방법은 나를 열심히 관찰하고 잔인하게 비판할 적을 찾는 것이다. 현명한 이에게는 짜

증스럽게 비판하는 자가 축복이다"라고 말했다. 리더가 비판을 잘 수용하기 위해서는 건전한 자아상을 형성해야 한다. 자존감이 높아야 한다. 그렇지 않으면 비판에 낙담해서 무너져 내릴 수도 있다.

◇◇◇

비판을 통해 겸손의 덕을 더욱 쌓아야 건강한 리더가 된다. 리더의 교만은 패망의 선봉이다. 비판 때문에 낙담하는 것보다 교만 때문에 스스로 무너지는 것이 더욱 위험하다. 리더는 겸손한 성품과 자신감을 함께 소유해야 한다. 하나님은 교만한 자를 물리치신다. 하지만 겸손한 사람에게는 은혜를 베풀어 주신다(약 4:6). 토마스 아 켐피스는 "가끔 반대에 부딪히고, 좋은 의도를 가지고 했던 행동이 나쁘게, 그리고 잘못 평가되는 일은 유익한 일이다. 이런 경험을 통해 우리는 겸손을 배우며 자만심에 빠지지 않게 된다. 왜냐하면 이런 때에 우리가 하나님의 임재하심을 구하기 때문이다"라고 말했다.

비판받을 때, 낙심하지 않고 깊은 기도 속으로 들어갈 수 있는 영적 리더는 지혜롭다. 탁월한 리더였던 사무엘 브랭글이 신랄한 비판을 받았을 때 그는 다음과 같이 대답했다.

"내 생활에 대한 당신의 비판에 감사를 드립니다. 저는 이 일로 인해 내 생활을 돌아보고 하나님께 기도하게 되었습니다. 그리고 나로 하여금 예수님을 전적으로 의지하는 깊은 믿음을 갖게 하였고 그분과 이 달콤한 교제를 할 수 있도록 나를 인도했습니다"(오스왈드 샌더스, 《영적 지도력》, 요단, 195쪽 재인용).

그러나 건강한 리더가 되기 위해서는 부당한 비판은 무시할 수 있어야 한다. 비판을 신중하게 분별해야 한다. 모든 비판이 다 좋은 것은 아니다. 어떤 비판은 공동체를 무너뜨리고, 하나님의 과업을 성취하지 못하게 만든다. 부당한 비판을 무시할 줄 아는 것도 리더의 용기다.

3

고독은 무엇을
수반하는가

◆

고통과 고독

고통은 고독을 낳는다. 리더는 고통을 통해 고독을 경험한다. 리더는 고통이라는 만인의 언어를 알아야 한다. 나는 고통이란 언어를 통해 모든 사람과 소통할 수 있게 되었다. 고통은 어느 누구도 피할 수 없다. 어떤 사람은 고통 중에 있거나 어떤 사람은 머지않아 고통을 경험하게 될 것이다. 중요한 것은 고통을 어떻게 해석하고, 반응하느냐다.

목회란 어떤 면에서 고통 중에 있는 분들을 섬기는 일이다. 고통은 나의 인생 여정에 늘 따라다녔다. 물론, 모든 사람이 항상 고통 중에 있는 것은 아니다. 그러나 사람들 안에는 숨은 고통, 잠재된 고통이 있다. 고통의 종류는 다양하다. 그중에서도 리더가 자주 직면하는 고통들이 있다. 상실의 고통, 질병의 고통, 경제적 고통, 실패의 고통, 실직의 고통, 퇴직의 고통, 갈등의 고통, 이별의 고통, 배신의 고통, 억울한 소송을 당하는 고통, 자녀 때문에 겪는 고통, 소원이 더디 이루어지는 고통, 그리고 나이가 들어가는 고통 등이다.

성경에 나오는 훌륭한 리더들은 다양한 고통을 경험한 사람들이다. 하나님은 리더들에게 다양한 고통을 경험하게 하심으로써 고통 중에 있는 사람들을 위로케 하신다. 고통 중에 있는 사람들을 치유하고, 그들의 고통을 완화시켜 주는 역할을 하게 하신다. 고통에는 뜻이 있으며 고통은 악이 아니라 약이라는 사실을 깨우치게 하신다. 조봉희 목사님은 "고통은 악이 아니라 약"이라고 말씀한다. 고통에도 선한 목적이 있음을 깊이 깨달은 데서 나온 명언이다.

◇◇◇

훌륭한 리더는 고통으로부터 도망가지 않고, 고통을 스승으로 삼는다. 고통은 피한다고 피해지는 것이 아니다. 고통을 피하려다가 더 큰 고통을 겪을 수도 있다. 칼 융은 "노이로제란 항상 마땅히 겪어야 할 고통을 회피하려는 바꿔 치기"라고 말했다. 고통을 피할 수 없다면, 오히려 환영하는 것이 지혜다. 고통을 친구로 삼는 것이 지혜다. 그렇다고 내가 고통 예찬론자인 것은 아니다. 고통을 좋아할 사람이 어디 있겠는가? 하지만 하나님은 고통을 낭비하지 않으신다. 하나님은 고통을 통해 리더를 성장시키신다. 벤저민 프랭클린은 "고통은 가르침을 준다"고 말했다. 하나님은 고통을 통해 많은 것을 가르치신다.

우리는 성공보다 실패를 통해 배운다. 우리는 번영보다 역경을 통해 배운다. 우리는 쾌락보다 고통을 통해 배운다. 우리는 성취보다 좌절을 통해 배운다. 우리는 강함보다 약함을 통해 배운다. 이것이 고통의 역설이며 고통의 신비다. 수많은 사람이 고통을 이야기하고, 고통에 관한 글을 썼지만, 정답은 없다. 다만 고통을 통해 배울 뿐이다.

◇◇◇

나는 고통을 낭비하지 않기로 선택했다. 고통의 좋은 면을 보기로 선택했고, 고통에 긍정적으로 반응하기로 선택했다. 고통에는 하나님의 목적이 있다고 믿기로 한 것이다. 빅터 프랭클의 말처럼 "우리 인간에게 가장 고귀한 자유는 선택의 자유"다. 아무도 그 자유를 빼앗을 수 없다. 고통에 대해 어떻게 생각하고, 어떻게 반응할 것인지에 대한 선택은 리더의 몫이다.

리더는 탁월한 역량을 통해 과업을 성취할 수 있지만, 고통을 통해 깊이 있는 사람이 된다. 리더는 고통을 통해 깊은 통찰력을 얻고, 사람들을 깊이 이해해 간다. 다른 사람을 품는 품이 넓어지며, 더욱 유연한 사람이 되어 간다. 리더는 고통을 통해 하나님을 더욱 깊이 경험하며 예수님의 성품을 닮아 가게 된다. 십자가는 고통의 장소다. 예수님은 십자가에서 가장 극심한 고통을 받으셨다. 하나님은 십자가의 고통을 낭비하지 않으셨다. 십자가의 고통을 통해 인류 구원을 이루셨다. 하나님은 고통을 통해 지금도 하나님의 뜻을 이루신다. 그러므로 리더는 고통까지도 사랑할 수 있어야 한다.

◈

광야와 고독

광야는 하나님이 리더를 키우시는 곳이다. 리
더는 화려한 궁중이 아닌 황량한 광야에서 길러진다.
하나님이 쓰신 인물들은 한결같이 광야를 통과했다. 모
세는 애굽의 궁중에서 최고의 교육을 받았지만, 히브리
혈통의 그가 할 수 있었던 것은 애굽인 한 명을 쳐 죽이
는 일뿐이었다. 그것은 육의 힘이었고, 육의 생각이었
다. 육의 힘으로 하나님의 뜻을 이루고, 하나님의 때를
앞당기려는 노력이었다. 하나님은 그 육의 힘을 깨뜨리
기 위해 그를 광야로 보내셨다. 하나님은 살인자 모세
를 광야로 보내셨다.

하나님의 뜻만 알아서는 안 된다. 하나님의 때를 분별해야 한다. 모세는 하나님이 그를 통해 히브리 민족을 바로의 손에서 구원하실 것을 알았다. 모세의 부르심은 하나님의 뜻이었다. 그에게 부과된 성스러운 과업이요 사명이었다. 하지만 그는 하나님의 때를 분별하지 못했다. 또한 하나님이 어떤 방법으로 히브리 민족을 구원하실 것인지에 관해 알지 못했다. 하나님의 생각은 사람의 생각과 다르다. 하나님의 방법은 사람의 방법과 다르다.

모세가 입학한 학교는 광야 학교였다. 애굽에서 그가 다녔던 학교와는 다른 학교였다. 하나님의 사람은 세상의 학교에서 만들어지지 않는다. 물론, 세상 학교에서 받은 교육이 무용지물이 되는 것은 아니다. 하나님은 리더가 받은 교육을 낭비하시지 않는다. 하나님은 모든 것이 합력하여 선을 이루게 하신다. 모세가 애굽에서 받은 교육은 나중에 광야에서 이스라엘 민족을 교육하는 데 도움이 되었다. 학습의 내용은 달라도 그 방법은 비슷하다. 탁월한 인물은 머리가 좋다기보다는 공부하는 법을 제대로 터득하는 사람이다. 일단 공부하는 법을 터득하게 되면, 어떤 주제를 만나도 탁월함의 경지에 이르게 된다. 모세가 받은 교육은 모세 오경을 쓰는 데 도움이 되었다.

하나님은 광야에서 당신의 백성을 만나 주신다.

"여호와께서 그를 황무지에서, 짐승이 부르짖는 광야에서 만나시고 호위하시며 보호하시며 자기의 눈동자같이 지키셨도다"(신 32:10).

모세는 광야에서 이전에 배우지 못한 것들을 배웠다. 하나님 앞에 홀로 머무는 법을 배웠고, 고요함을 사랑하는 법을 배웠다. 애굽의 궁중은 사람들의 마음을 들뜨게 하는 잔치가 있는 곳이다. 반면에 광야는 외로운 곳이다. 광야는 짐승이 사는 조용한 황무지다. 짐승의 울음소리만이 들리는 고요한 곳이다.

◇◇◇

광야는 잊혀지는 곳이다. 잊혀짐은 인간이 느끼는 고통 중의 하나다. 모세가 광야에서 40년을 지내는 동안 그의 이름을 불러 주는 사람이 없었다. 우리는 실패보다 잊혀지는 것을 더 두려워한다. 잊혀짐을 경험하고 나면, 자존감이 낮아지고, 자신감이 떨어지며 자부심을 상실하고 만다. 나는 이민자로 살아가면서 잊혀지는 경험을 했다. 아무도 나를 몰라 준다는 경험을 했다. 큰 뜻을 품고 유학을 왔지만, 나의 첫 경험은 잊혀짐이었다.

광야는 고난의 장소다. 굳이 광야를 가지 않아도 우리는 고난의 광야를 통과하는 경험을 하곤 한다. 광야는 고난의 용광로다. 용광로는 불순물을 제거하여 순금을 만드는 곳이다. 요셉은 13년에 걸쳐 고난의 광야를 통과했다. 혹독한 시련이었다. 다윗도 유다 광야와 아둘람 굴을 거침으로써 왕으로 성장했다. 예수님도 광야에서 시험을 받으셨고, 바울도 아라비아 광야에서 3년을 지냈다. 광야는 고난의 장소이지만, 축복의 장소이기도 하다. 바로 그곳에서 하나님의 음성을 듣고, 그 임재를 경험하게 되기 때문이다. 우리는 광야에서 하나님의 돕는 손길을 경험하고, 하나님의 사명을 재확인하게 된다. 리더는 광야를 피할 수 없다. 피할 수 없다면, 광야를 사랑하라.

침체와 고독

　리더는 침체의 늪을 잘 헤쳐 나가야 한다. 리더
마다 다르지만, 대부분의 리더는 침체를 경험한다. 침체
는 에너지의 고갈을 의미한다. 침체는 낙심을 낳고, 두
려움을 낳고, 의욕 상실을 낳는다. 그래서 침체를 경계
해야 한다. 침체에 빠지면, 모든 것을 내려놓고 싶어진
다. 포기하고 싶어진다. 심지어는 죽고 싶은 충동을 경
험하기도 한다.

　하나님이 쓰신 리더들 가운데 죽기를 청한 사람들이
있다. 위대한 성취에는 엄청난 에너지가 필요한데, 성취
해 가는 과정에서 자기 에너지를 모조리 쏟아부어 탈진

에까지 이르기 때문이다. 탈진은 에너지가 고갈된 상태다. 곧 에너지의 소진이다. 소진(消盡)은 다 써서 없어진 상태를 가리킨다. 인생의 문제는 능력의 문제다. 문제가 아무리 커도 그것을 감당할 능력과 지혜가 있으면, 문제 되지 않는다. 어려운 시련을 만났을 때, 그 시련을 견딜 만한 능력이 있으면 문제없다. 시련을 끝까지 견디기 위해서는 지속적으로 능력을 공급받아야 한다.

◇◇◇

리더는 책임을 지는 사람이다. 그 짐은 보통 사람은 측량할 수 없을 정도로 무겁다. 모세는 원망하는 이스라엘 백성들과 더불어 광야에서 40년을 보냈다. 하나의 문제가 끝나면, 또 다른 문제가 기다리고 있었다. 그는 낙심했고 때로 분노했다. 분노가 일어날 때 자칫하면 깊은 침체를 맛보게 된다. 모세는 "책임이 심히 중하여 나 혼자는 이 모든 백성을 감당할 수 없나이다 주께서 내게 이같이 행하실진대 구하옵나니 내게 은혜를 베푸사 즉시 나를 죽여 내가 고난당함을 내가 보지 않게 하옵소서"(민 11:14-15) 하고 하나님께 죽여 달라고 간청하기까지 했다.

설교의 황태자요, 영적 거장인 찰스 스펄전은 1866년 어느 날, 설교 도중에 다음과 같은 말을 했다.

"여러분 중에 한 사람도 이와 같은 불행을 당하지 않기를 바라지만, 저는 지금 무섭게도 영혼이 침체되어 있습니다."

1887년에 남긴 메시지에서도 "나 자신도 가끔 어둠의 골짜기를 지나게 되는 경우가 있다"고 고백했다(워렌 위어스비,《위대한 발자취를 남긴 사람들》, 엠마오, 379쪽).

침체에 빠지면 다른 사람들과 비교하게 된다. 갈멜산 전투에서 승리했지만, 쫓기는 신세가 된 엘리야는 "지금 내 생명을 거두시옵소서 나는 내 조상들보다 낫지 못하니이다"(왕상 19:4)라고 하소연했다. 비교하면 할수록 우월감에 빠지거나 열등감에 빠지게 된다. 그래서 비교는 좋지 않다. 리더는 각자에게 주어진 사명을 고귀하게 여겨야 한다.

◇◇◇

침체를 극복하는 길은 다양하다. 그중 하나는 충분히 안식하는 것이다. 하나님은 엘리야의 침체를 책망하지 않으시고, 그에게 천사를 보내어 먹고 마시고 잠자게 하셨다. 리더는 침체를 인정할 줄 알아야 한다. 심지어 당연하게 여길 줄 알아야 한다. 침체를 가능한 한 빨리 극복할 자신만의 전략이 있어야 한다. 그래야 오뚝이처럼 일어나 하나님이 맡기신 과업을 위해 계속 정진할 수 있다.

◊

실패와 고독

　리더는 실패를 통해 성장한다. 리더는 실패할 때 고독해진다. 실패의 경험은 외로운 경험이다. 실패를 좋아하는 사람은 없다. 그러나 리더는 실패를 끔찍하게 싫어한다. 실패하면 따르는 사람들에게 미안하고 죄스럽기 때문이다. 실패는 고통스럽고 부끄러운 경험이다. 한국은 성공 지향적인 사회다. 그런 까닭에 실패자를 이해하거나 실패의 경험을 긍정적으로 해석하려고 하지 않는다.

　에베레스트산을 정복하다가 생기는 사상자의 수는 올라갈 때보다 내려올 때가 훨씬 더 많다. 내려오기는 오르기만큼이나 어려운 일이다. 그래서 올라갈 때만큼이나 내려올 때 조심해야 한다. 추락하면 다시 올라가지 못한다. 잘 내려와야 다시 도전할 기회가 주어진다.

나는 이민 목회자로 살면서 실패를 처절하게 경험했다. 이전에 섬겼던 교회는 이민 교회 가운데 대표적인 교회다. 그런 교회를 섬기다가 무참히 실패하고 내려왔다. 충격이 컸다. 2층에서 떨어지는 충격보다 10층에서 떨어지는 충격이 더 큰 법이다. 실패의 아픔은 컸다. 나는 모든 것을 내려놓고 떠났다. 거의 3년 동안 외식조차 하기 두려웠다.

실패는 두려움을 낳는다. 다시 일어설 수 없을 것 같은 두려움이다. 또 실패자로 낙인찍히는 것도 두렵다. 실패했다고 실패자가 되는 것은 아니지만, 실패를 한 번 맛보면 실패자가 될 것 같은 두려움이 엄습한다. 당시 만나는 모든 사람이 나를 실패자로 보는 것만 같았다. 나를 보고 수군거리는 것 같았다. 내게 실패의 경험을 안긴 그 교회 앞을 지나가는 것이 두려웠다. 그래서 그 길을 피해 다른 길로 다녔다. 실패의 상처가 치유되기까지는 몇 년이 걸렸다. 실패한 후에 나를 초청해 주는 교회가 별로 없었다. 나는 인생의 쓴맛을 보았다.

◇◇◇

　실패해 본 사람은 실패가 얼마나 고통스러운지를 안다. 사람들은 성공한 사람들을 찾아간다. 반면에 실패하면 주위에 있는 사람들이 떠난다. 어쩔 수 없는 현실이다. 목회의 실패를 경험했을 때, 수많은 사람이 내 곁을 떠났다. 내가 무너져 내리길 원하는 사람들의 공격과 비난은 거셌다. 하늘이 무너져 내리는 경험을 했다. 나는 내 책을 사랑하며 읽어 준 독자들에게 큰 실망감을 안겨 주었다. 나를 믿고 따라와 준 사람들의 마음을 아프게 했다.

　그러나 실패가 나를 겸손케 했다. 하나님만 바라보게 했다. 하나님은 실패 중에 큰 은혜를 베풀어 주셨다. 실패의 역설이다. 실패 가운데 임하는 하나님의 위로와 은혜가 컸다. 하나님은 실패를 통해 인생을 배우게 하시고, 인간의 본성을 배우게 하셨다. 실패를 통해 성장케 하셨다. 실패를 스승으로 삼게 하셨다. 실패를 경험한 것보다 더 중요한 것은 실패를 통해 무엇을 배우느냐에 있다. 실패를 통해 배우지 못하면, 실패를 반복하게 된다. 경험이 사람을 훌륭하게 만들지 않는다. 경험보다 더 중요한 것은 경험을 올바로 평가하는 것이다. 경험을 성경적으로 해석하는 것이다. 실패 경험을 통해 배우려면, 실패를 하나님의 관점으로 바라보고, 실패를 딛고 일어서야 한다. 실패를 통해 변질되는 것이 아니라 이전보다 좋은 쪽으로 변화되고 성숙해야 한다. 실패하기 전보다 실패한 후에 더욱 겸손해지고, 지혜로워져야 한다.

예수님의 제자 베드로는 실패를 통해 성장했다. 그는 예수님을 세 번이나 부인하는 실패를 맛보았지만, 예수님은 실패한 베드로를 회복시켜 주셨다. 그는 실패를 통해 더욱 원숙한 리더로 성장했다. 리더는 실패를 두려워해서는 안 된다. 실패를 딛고 우뚝 서서 전진해야 한다.

상실과 고독

리더는 사람들 앞에서 강해 보이지만, 하나님 앞에서는 지극히 연약한 인간이다. 리더가 경험하는 고독 가운데 상실을 통해 경험하는 고독이 있다. 나는 영적 스승이신 이동원 목사님이 둘째 아들을 하나님께 보내는 것을 지켜보면서 무척 마음이 아팠다. 그토록 사랑하는 아들을 상실한 고통은 그 자리에 있어 보지 않은 사람은 결코 이해할 수 없는 고통이다.

유명한 리더들 가운데 상실의 고통을 심하게 겪은 이들이 있다. 그중 하나가 허드슨 테일러다. 허드슨 테일러는 중국 선교의 선구자로 믿음과 기도의 사람이었다.

1853년, 22살의 청년 허드슨 테일러는 어머니와 여동생의 배웅을 받으면서 중국으로 향하는 배에 올랐다. 6개월 만에 중국에 도착한 그는 중국 사람들과 더불어 살기 위해 최선을 다했다. 모든 서양 선교사들이 서양 옷을 입고 사역할 때, 그는 중국 사람들의 옷을 입었다. 중국 사람들처럼 금발 머리를 검게 염색하고, 머리를 땋아 길게 늘어뜨리고 다녔다. 성육신하신 예수님의 모범을 따라 성육신 선교를 실천한 것이다.

그는 현지에서 중국 선교사인 마리아를 만나 결혼했다. 중국에서 열심히 사역하던 중에 그는 고통스러운 상실을 경험했다. 1867년에 중국에 열병이 돌았다. 8살인 큰딸 그레이스가 열병에 걸렸다. 그는 어린 나이였지만 전도의 열정을 가진 큰딸을 무척 사랑했다. 하나님께 그 딸을 살려 주시도록 며칠 밤낮을 기도했다. 하지만 하나님은 큰딸을 데리고 가셨다. 그는 사랑하는 딸을 양자강변에 묻었다. 그 뒤에 아들 사무엘이 열병에 걸렸다. 5살의 나이였다. 허드슨 테일러는 아들을 살려 달라고 눈물을 흘리면서 기도했다. 하지만 하나님은 사무엘도 데리고 가셨다. 그는 사무엘을 그레이스 옆에

묻었다. 그 일이 있은 지 얼마 되지 않아 아들 노엘이 태어난 지 20일 만에 열병에 걸렸다. 역시 하나님이 노엘도 데려가셨다. 그는 노엘을 사무엘과 그레이스 옆에다가 묻었다.

노엘이 죽은 지 13일 뒤에 그의 사랑하는 아내 마리아도 열병에 걸렸다. 세 자녀를 잃고 이제 사랑하는 아내마저 열병에 걸려 눕게 되자 그는 하나님께 울면서 간절히 기도했다. 하지만 하나님은 그의 아내도 데려가셨다. 마리아는 "당신을 사랑해요, 천국에서 다시 만나요"라는 유언을 남기고, 33살의 나이에 하나님 품에 안겼다.

허드슨 테일러는 아내 둘과 많은 자녀를 잃으면서 극한 고독에 빠졌다. 심한 우울증이 그를 괴롭혔다. 하지만 그는 계속 하나님을 의지하면서 선교하는 중에 풍성한 열매를 맺었다. 그는 73살의 나이로 하나님의 부르심을 받을 때까지 중국에서 40년 넘게 사역했다. 그는 양자강이 보이는 전장시의 한 공동묘지에 가족들과 함께 묻혔다.

◇◇◇

리더는 상실의 고통 중에도 하나님이 맡기신 일을 계

속해야 한다. 자신의 고통을 통해 상실의 고통 중에 있는 사람들을 위로하는 사명을 감당해야 한다. 이동원 목사님은 둘째 아들을 보낸 후에 하나님께 10가지 감사 기도를 드렸다. 그중에 두 가지 감사 기도는 상실의 고통을 사명으로 껴안은 기도였다.

"아들의 암 투병을 통해 수많은 암 환자의 고통과 연대하게 되어 감사합니다. 또한 자식을 먼저 떠나보낸 수많은 부모들의 고통과 연대하게 되어 감사합니다"(이동원, 《씨유 인 헤븐》, 두란노, 97쪽).

훌륭한 리더들은 고통을 사명으로 여긴다. 하나님은 리더들의 고난을 낭비하지 않으시고, 고난 중에 있는 사람들을 위로하는 은총의 도구로 사용하신다.

하나님 아버지는 상실의 고통을 아시는 분이다. 하나님 아버지는 십자가에서 사랑하는 독생자를 상실하는 아픔을 겪으셨다. 그래서 리더가 겪는 상실의 고통을 아시고, 위로해 주신다.

◈

고난과 고독

리더는 비전의 사람이다. 리더는 꿈꾸는 사람
이다. 하나님은 리더가 성취할 비전보다 리더를 키우는
데 더 관심을 갖고 계신다. 리더를 키우는 하나님의 방
법은 고난이다. 리더는 고난의 풀무에서 연단을 받는
다. 연단을 받을 때, 리더는 고독하다. 연단 중에 있던
욥은 고독했다. 그가 남긴 고백은 고난 중에 있는 자들
에게 영감을 준다.

"그러나 내가 가는 길을 그가 아시나니 그가 나를 단
련하신 후에는 내가 순금같이 되어 나오리라"(욥 23:10).

하나님은 리더를 키우실 때 서두르시는 법이 없다.

하나님이 리더를 키우시는 학교는 고난의 학교다. 고난의 학교는 광야에 있다. 광야는 위험한 곳이다. 사람이 사는 곳이 아니라 짐승이 사는 곳이다. 짐승의 울음 소리가 들리는 곳이다. 하지만 광야에서 하나님은 리더를 만나시고, 리더를 키우신다. 광야에서 하나님의 임재를 경험하게 하시고, 광야에 감추인 보배들을 발견케 하신다. 리더는 고난의 강을 건너야 하고, 고난의 산을 오를 때 낙심하거나 좌절을 맛보기도 한다. 하지만 하나님은 고난의 시간을 줄여 주시지 않는다. 충분히 무르익기 전까지는 과실을 따지 않는 것처럼 하나님은 리더가 고난을 통해 충분히 무르익을 때까지 기다리신다.

◇◇◇

고난은 리더를 깊이 있는 사람으로 만든다. 리더는 깊이가 있어야 한다. 깊다는 것은 묵직하다는 뜻이다. 리더는 가볍고 경박해서는 안 된다. 리더가 스스로 무게를 잡아서는 안 되지만, 너무 경박해서도 안 된다. 리더의 무게는 그가 짊어지고 가는 짐의 무게이며, 그가 감당해야 할 사명의 무게다. 리더의 무게는 그가 사용하는 언어의 무게다. 리더의 말은 천금 같아야 한다. 리더의 말이 깊어지려면 고난의 광야에서 침묵하는 시간을 보내야 한다. 침묵을 통해 리더의 언어는 깊어진다. 리더의 깊은 언어가 사람의 깊은 곳을 터치한다. 상처 입은 영혼을 어루만진다.

고난은 벼랑 끝에 서는 것이다. 하나님이 일하시는 곳은 벼랑 끝이다. 리더는 벼랑 끝에 자주 선다. 벼랑 끝에서 추락할 수도 있고 비상할 수도 있다. 하나님은 그곳에서 리더에게 비상하는 법을 가르치신다. 하나님이 벼랑 끝에서 리더에게 주시는 것은 '균형'이라는 두 날개다. 두 날개가 없이는 비상할 수 없다.

리더의 생명과 능력은 균형에 있다. 리더의 영성은 균형의 영성이다. 하나의 날개로는 비상할 수 없다. 반드시 두 개의 날개가 있어야 비상한다. 예수님은 "하나님의 어린양"(요 1:29)이면서 "유대 지파의 사자"(계 5:5)이시다. 희생제물인 '어린양'은 연약한 이미지다. 반면에 사자는 강한 이미지다. 왕으로서 다스리는 이미지다. 예수님은 어린양이면서 동시에 왕 중의 왕이시다. 예수님 안에는 "은혜와 진리가 충만"(요 1:14)하다. 은혜만 있는 것이 아니라 진리가 함께한다. 진리만 있는 것이 아니라 은혜도 함께한다. 예수님 안에는 긍휼과 정의가 함께한다. 예수님을 믿는 우리는 어린양이요 연약한 양이다. 또한 "왕 같은 제사장"(벧후 2:9)이다. 왕 같은 제사장에는 왕의 이미지가 담겨 있다. 예수님은 우리가

주와 함께 다스리길 원하신다. 리더는 두 가지 정체성
의 조화 속에 살아간다. 연약한 양이면서도 강한 사자
의 정체성이다.

◇◇◇

경영컨설턴트 한근태 씨는 리더가 만들어지는 비유
로 금속 가공의 두 가지 방법에 관해 이야기한다. 하나
는 퀜칭(quenching)이다. 우리말로 담금질인데, 온도를 높
였다가 찬물에 담그기를 반복하는 것이다. 또 하나는
어닐링(annealing)이다. 우리말로 풀림이다. 가열한 뒤 서
서히 식히는 방법이다. 어닐링을 하면 내부 균열이 없
어진다. 담금질한 금속에 비해 훨씬 강한 성질을 가지
면서도 부러지지 않는다(한근태,《리더의 비유》, 올림, 82쪽).

리더는 담금질과 풀림을 통해 만들어진다. 리더는 고
난을 통해 어렵게 만들어진다. 그래서 고난을 통과한
리더는 고집스럽지 않고 유연하다.

낙심과 고독

리더는 낙심을 경계해야 한다. 낙심(落心)이란 바라던 것을 이루지 못해 마음이 상한 것을 의미한다. 낙심하면 격한 외로움 속으로 들어가게 된다. 낙심하면 낙담(落膽)하게 된다. 낙담하게 되면 침체 속에 빠져들게 된다. 낙심은 마귀가 아주 즐겨 사용하는 도구다. 그러므로 리더는 낙심의 정체를 파악하고, 낙심을 극복할 수 있는 전략을 모색해야 한다.

낙심의 첫 번째 원인은 피곤이다.

"너희가 피곤하여 낙심하지 않기 위하여 죄인들이 이같이 자기에게 거역한 일을 참으신 이를 생각하라"(히

12:3).

피곤은 낙심을 낳는다. 그런 까닭에 리더는 피곤하지 않도록 자신을 잘 관리해야 한다. 피곤은 무리한 짐을 혼자 힘으로 감당하려고 할 때 찾아온다. 하나님의 일을 육의 힘으로 이루려고 할 때 찾아온다.

낙심의 두 번째 원인은 자신을 거역하는 사람들이다. 리더는 과업을 성취하는 중에 자신을 거역하는 사람들을 만난다. 자신을 거역하는 사람들을 보면서 과업을 완수하는 것은 힘든 일이다. 그것도 숫자가 점점 늘어나면 정말 고통스럽다. 그런 까닭에 거역하는 사람들을 하나님의 시각으로 보는 훈련을 해야 한다. 예수님은 자기를 거역한 사람들을 참으셨다. 그 이유는 거역하는 사람들을 통해서도 하나님의 섭리가 이루어질 수 있음을 아셨기 때문이다. 하나님의 일은 우리를 거역하는 사람들을 통해서도 이루어질 수 있다는 것을 기억해야 한다.

리더는 자신을 거역하는 사람을 원수로 여기지 않도록 조심해야 한다. 오히려 그를 스승으로 여겨야 한다. 우리가 누군가를 원수로 여기면, 그 사람 때문에 큰 상처를 받게 된다. 헨리 나우웬의 말처럼 원수는 힘이 세다. 누군가를 원수로 여기면, 그를 자주 떠올리게 된다. 그를 향한 분노와 적개심과 복수심을 품게 된다. 반면에 우리를 거역하는 사람을 스승으로 여기면, 그 사람으로부터 자유케 된다. 때로는 우리를 격려하는 사람보다 우리를 거역하는 사람을 통해 더 많은 것을 배우기도 한다. 인생을 배우고, 인간을 배우고, 갈등에 대해 배우게 된다.

◇◇◇

낙심의 세 번째 원인은 더디 응답되는 기도다. 기도가 더디 응답될 때, 낙심하게 된다. 예수님은 그 사실을 아셨기에 불의한 재판장과 원한 맺힌 과부의 비유를 통해 리더를 위로하신다(눅 18:1-8). 리더는 항상 기도하는 사람이다. 성령님 안에서 항상 기도해야 하는 사람이다(엡 6:18). 문제는 낙심이다. 기도가 더디 응답될 때, 낙심하고 기도를 멈추게 된다. 예수님은 낙심을 경계하고 항상 기도하라고 말씀하신다. 기도하는 사람의 원한은 반드시 풀어 주겠다고 약속하신다(눅 18:7).

낙심의 네 번째 원인은 더디 이루어지는 마음의 소원이다.

"소망이 더디 이루어지면 그것이 마음을 상하게 하거니와"(잠 13:12).

하나님은 우리 소원을 소중히 여기신다(시 37:4). 우리 안에 소원을 두고 행하시는 분이다(빌 2:13). 소원을 성취하면 마음이 기쁘다(잠 13:19). 그런데 그 소원이 더디 이루어질 때 낙심하게 된다. 낙심하지 않는 길은 하나님의 때를 신뢰하는 것이다. 하나님이 소원을 더디 이루어 주실 때는 복리로 계산해서 복을 더해 주신다. 낙심하지 말고 오래 기다릴 줄 아는 것이 지혜다.

아브라함은 오래 참아 약속을 받았다(히 6:14-15). 우리가 기다릴 때 하나님도 기다리신다. 하나님의 기다리심은 은혜를 베풀어 주시기 위함이다.

"그러나 여호와께서 기다리시나니 이는 너희에게 은혜를 베풀려 하심이요 일어나시리니 이는 너희를 긍휼히 여기려 하심이라 대저 여호와는 정의의 하나님이심이라 그를 기다리는 자마다 복이 있도다"(사 30:18).

리더도 인간이기에 낙심할 때가 있다. 하지만 리더는 성스러운 과업을 위해 낙심을 극복하고, 굳세게 서는 훈련을 날마다 해야 한다.

큰 문제와 고독

리더는 문제를 해결하는 사람이다. 리더가 존재하는 이유 중의 하나는 문제 해결을 위해서다. 리더는 날마다 문제를 풀면서 사람들을 인도한다. 사람들은 문제를 잘 해결해 주는 리더를 존경하고 따른다. 그러나 큰 문제에 부딪히면, 리더는 고독해진다. 작은 문제는 쉽게 해결할 수 있지만, 큰 문제는 쉽게 해결할 수가 없다. 그때 리더는 격한 고독을 경험한다.

사람들은 리더에게 문제를 가져온다. 이스라엘 백성들이 모세에게 문제를 가져왔다. 그는 백성들의 문제들을 해결해 주느라 탈진할 정도였다. 모세가 일하는 것을 지켜본 이드로의 말은 리더들이 경청해야 할 말이다.

"너와 또 너와 함께 한 이 백성이 필경 기력이 쇠하리니 이 일이 네게 너무 중함이라 네가 혼자 할 수 없으리라"(출 18:18).

문제가 너무 많으면, 짐이 무거워 기력이 쇠하게 된다. 리더는 문제를 해결하는 지혜를 계속해서 배워야한다. 백성들은 문제가 생기면 모세를 원망했다. 문제가 크면 클수록 모세를 더 많이 원망했다. 모세는 백성들의 원망을 들으면서 문제를 해결해 나갔다. 때로는 홍해와 같은 큰 문제에 직면하기도 한다. 그렇게 큰 문제는 모세의 힘과 지혜로는 도저히 풀 수 없다. 그는 그 문제를 하나님께 맡겼다. 하나님이 홍해라는 큰 문제를 해결해 주셨다. 모세는 40년 동안 광야 생활에서 수많은 문제에 직면했다. 그러나 그 문제들을 잘 해결함으로써 그에게 맡겨진 과업을 성취했다.

◇◇◇

리더는 문제를 해결하는 사람이지만, 연약한 인간이다. 그래서 문제를 좋아하지 않는다. 문제를 일으키는 사람이나 문제를 가지고 오는 사람을 피하고 싶은 유혹을 받는다. 문제는 문제를 일으킨다. 때로는 작은 문제를 방치했다가 눈덩이처럼 커지는 것을 경험한다. 리더는 문제를 회피하거나 문제로부터 도망해서는 안 된다. 해결하지 않은 문제는 여전히 문제로 남아 있게 된다. 더 큰 문제로 발전할 수도 있다. 문제는 반드시 해결해야 한다.

새로운 문제는 이전과 똑같은 방법으로 해결할 수 없다. 새로운 문제는 새로운 통찰과 더욱 깊은 지혜로 해결해야 한다. 아인슈타인은 "문제를 발생시켰을 때와 똑같은 의식 수준으로는 어떤 문제도 해결할 수 없다"고 말했다. 또한 그는 "미친 짓이란 똑같은 일을 반복하면서 다른 결과를 기대하는 일"이라고 말했다. 리더는 문제가 생겼을 때 문제를 정확하게 진단하기 위해 숙고하는 시간을 가져야 한다. 문제를 정확하게 알아야 올바로 해결할 수 있다. 아인슈타인은 "나에게 1시간이 주어진다면, 문제가 무엇인지 정의하는 데 55분의 시간을 쓰고, 해결책을 찾는 데 나머지 5분을 쓸 것이다"라고 말했다. 리더는 문제가 생겼을 때 다각적인 각도에서 문제를 해결할 줄 알아야 한다.

◇◇◇

리더에게 가장 중요한 것은 문제를 바라보는 시각이

다. 문제를 바라보는 관점에 따라 모든 것이 달라진다. 리더는 문제를 자신을 괴롭히는 괴물로 볼 수도 있고, 자신을 세워 주는 선물로 여길 수도 있다. 나는 목회 초기에 문제를 바라보는 관점이 부정적이었다. 그래서 문제가 터지면 그것 때문에 힘들어했다. 누군가가 문제를 일으키거나 문제를 가지고 오면 도망가고 싶었다. 그러던 내게 문제를 바라보는 시각이 변화되는 깨달음이 임했다. 예수님의 기적에 관해 시리즈로 설교하던 중에 예수님의 기적이 문제 때문에 임하는 것임을 깨달은 것이다. 그날 이후로 문제를 피하기보다 오히려 소중히 여기는 리더가 되었다. 문제가 찾아오면, 거룩한 기대를 가지고 문제에 접근하게 되었다.

문제가 없는 곳에는 기적도 없다. 문제의 크기에 따라 기적의 크기가 정해진다. 문제는 기적을 창조하는 재료다. 문제 속에 기적이 담겨 있다. 문제 속에 변장한 축복이 담겨 있다. 문제가 리더를 고독하게 만들지만, 동시에 리더를 위대하게 만들기도 한다.

4

고독이 하는 일

◇

고독은 상처를 향기롭게 한다

    리더는 상처받는 사람이다. 상처받을 때, 리더는 고독을 경험한다. 상처는 대부분 가까운 사람을 통해 받기 마련이다. 리더는 상처투성이의 영광을 추구하는 사람이다. 사랑한다는 것은 상처를 주고받는 것이다. 상처받지 않는 사랑은 없다. 사랑한다는 것은 상처를 주고받으며 서로를 알아 가는 것을 의미한다. 깊은 사랑이란 상처를 통해 연약해진 두 사람이 서로의 상처를 어루만지면서 치유해 주는 것이다.

  사랑은 상처를 주고받는 것이지만, 상처는 잘 다루어야 한다. 상흔(傷痕)을 남기기 때문이다. 상처는 치유되어야 한다. 리더의 상처가 치유되지 않으면, 그 상처가 독을 발하게 된다. 많은 사람에게 상처를 주게 된다. 상처가 치유되지 않으면, 리더의 마음에 원한이 쌓이고, 자꾸 남을 탓하며 살게 된다. 인생을 보는 시각이 어두워지고, 밝은 면을 보지 못하게 된다. 상처 때문에 날카로워져서 남에게 상처를 주는 인생을 살게 된다. 상처를 치유하지 않으면, 고름이 생기고 냄새가 난다. 사람들은 냄새를 좋아하지 않는다. 향기를 좋아한다. 치유될 때, 상처는 향기가 된다.

◇◇◇

리더는 찍혀도 찍혀도 향을 발하는 향나무가 되어야 한다. 향나무는 자기를 쳐서 쓰러뜨리려는 도끼날에도 향을 토해 낸다. 루오는 "의인은 향나무처럼 찍는 도끼에 향을 묻힌다"고 말했다. 예수님은 자기를 찍는 도끼에 향을 묻혀 주시는 분이다. 헨리 나우웬이 말한 것처럼 상처를 치유하는 길은 우리 상처를 저주 아래서 은혜 아래로 옮겨 오는 것이다. 상처를 저주 아래 두면, 사탄이 와서 그 상처에 재를 뿌린다. 상처에 재를 뿌리면, 상처가 더러워지고 덧난다. 사탄은 우리의 상처를 덧나게 해서 쓴 뿌리를 갖고 살게 한다. 원망하고 불평하게 만든다. 앙갚음하게 만든다. 그때 상처는 우리를 비참하게 만드는 사탄의 도구가 된다. 반면에 상처를 하나님의 은혜 아래 두면 성령님이 오셔서 상처에 기름을 발라 주신다. 상처를 치유해 주시고, 상처를 아름답게 만들어주신다. 영광스럽게 만들어 주신다. 상처를 향기롭게 만들어 주신다. 그때 우리 마음은 향나무와 같은 마음이 된다.

마음이 향나무처럼 될 때, 우리를 찍어 상처를 낸 사람들을 용서할 수 있게 된다. 그들에게도 향기를 발하게 된다. 향기는 사람을 차별하지 않는다. 그래서 향기다. 그때 세상은 아름다워진다. 이승우 작가는 향나무처럼 살고 싶은 그의 갈망을 다음과 같이 기록하고 있다.

"만일에 우리가 향나무처럼 우리를 치는 도끼날에 향을 뿌려, 그 흉기를 향기로 바꿀 수 있다면, 아, 그럴 수만 있다면 그 조그만 향기의 확산으로 인하여 세상은 얼마나 더 눈부시고 아름답겠습니까? 얼마나 더 향기롭겠습니까?"(이승우.《향기로운 세상》, 살림. 171쪽).

◇◇◇

향나무처럼 사는 것은 우리 힘만으로는 안 된다. 하나님이 도와주셔야 한다. 십자가의 은혜 아래 날마다 살아야 한다. 십자가는 향나무다. 십자가는 흉기를 향기로 바꾸어 준 치유의 나무다. 예수님을 못 박은 못과 망치에 향을 묻혀 준 나무가 십자가다. 우리가 날마다 예수님과 함께 십자가에 죽고, 다시 태어날 때 향나무처럼 살 수 있다. 향나무와 같은 마음을 품고 살 수 있다.

리더가 향나무처럼 살 때, 리더의 상처는 영광이 된다. 부활하신 예수님의 몸에 상흔이 있었다. 예수님의 깊은 상처가 주님의 영광이 된 것이다. 깊은 상처는 깊은 아름다움을 드러낸다. 그랜드캐니언은 상처 깊은 땅의 아름다운 자태(姿態)다. 십자가는 상처 깊은 예수님의 영광이다. 그래서 우리는 날마다 십자가 앞에 나아가 치유를 받고, 그 영광 앞에 머문다. 리더는 상처를 진주로 만드는 사람이다. 상처를 향기롭게 만드는 사람이다. 다만 그 과정에서 리더는 고독을 경험한다.

고독은 친밀함의 깊이를 더하게 한다

리더란 공동체를 세우는 사람이다. 리더가 공동체를 세우기 위해서는 친밀한 관계의 비밀을 알아야 한다. 친밀함이란 가까운 사이를 의미한다. 친밀함이란 서로 깊이 안다는 것을 의미한다. 친밀함이란 서로의 고통을 함께 나눌 수 있는 사이임을 의미한다. 친밀함이 중요한 까닭은 친밀함을 통해 풍성한 열매를 맺을 수 있기 때문이다. 하지만 친밀함이 집착이 되어서는 안 된다. 친밀함이라는 이름으로 누군가를 소유하려는 것은 위험하다.

미숙한 사람은 사랑을 소유로 생각한다. 그래서 누

군가를 소유하기까지는 열심히 노력한다. 그리고 소유한 후에는 노력하지 않는다. 고기를 잡은 후에는 먹이를 주지 않는 것과 같다. 진정한 사랑은 상대방을 소유하는 것이 아니다. 진정한 사랑은 상대방이 하나의 인격체로 성장할 수 있도록 돕는 것이다. 진정한 사랑은 상대방에게 변화를 강요하지 않는다. 다만 상대방이 변화될 수 있는 여백을 제공해 준다.

리더의 고독은 사람들과의 일정한 거리를 유지해야 하는 고독이다. 리더는 앞서가는 사람이기 때문이다. 앞서가는 사람과 그를 따라오는 사람과는 일정한 거리가 유지되어야 한다. 리더는 친밀한 공동체를 강조한다. 그러나 정작 자신은 외로움을 느낄 때가 많다. 사람들은 리더를 존중하지만, 리더를 가까이하는 것은 꺼린다. 그래서 리더는 혼자 밥을 먹을 때가 많다. 혼자 밥을 먹을 때, 리더는 외롭다.

◇◇◇

하나님은 우리가 친밀한 공동체를 이루길 원하신다. 친밀한 공동체의 특징은 먼저 하나님 앞에서 홀로 있는 시간을 갖는다는 것이다. 하나님 앞에서 홀로 있는 시간을 가지면서 공동체를 동경하는 것이다. 또한 공동체

안에서 친밀한 교제를 나누는 중에 하나님 앞에 홀로 머무는 시간을 동경하는 것이다. 친밀한 공동체를 세우기 위해서는 원근의 조화를 이루어야 한다. 친밀한 사랑을 위해서는 가까이함과 떨어져 있음의 적절한 조화가 필요하다. 예수님을 믿는 사람들은 모두 예수님 안에 거하면서 풍성한 열매를 맺는다(요 15:5). 하지만 예수님 안에서도 일정한 거리를 유지하는 것이 좋다.

앤 모로 린드버그는 바다를 통해 친밀한 관계의 비밀을 가르쳐 준다.

"두 사람은 흡수하는 동시에 해방시키고, 분리시키는 동시에 결합시키는 보편의 바다에 용해된다. 보다 원숙한 인간관계, 고독한 두 사람의 만남이란 이런 것이 아닐까?"(앤 린드버그, 《바다의 선물》, 범우사, 109쪽).

그는 인간관계란 '바다 위의 섬' 같은 것이라고 말한다.

"인간관계라는 것도 역시 섬과 같은 것이어야 하기 때문이다"(앤 린드버그, 같은 책, 112쪽).

그가 말하는 '섬과 같은 것'은 무엇을 의미하는 것일까? 섬들은 바다 안에 있다. 하지만 일정한 거리를 유지하고 있다. 그 거리가 친밀한 관계를 지속하는 비밀이다.

나는 친밀함의 적을 지나친 친밀함이라고 생각한다.

부부 사이에도 어느 정도의 거리를 지켜 주는 것이 좋다. 남편과 아내는 자기 나름의 공간이 필요하다. 그 안에서 자유를 누린다. 그 공간을 침범하고, 그 공간에서 억지로 나오도록 강요하는 것은 성숙한 사랑이 아니다. 서로의 공간을 인정해 주면서 동시에 서로의 공간에서 나와 친밀한 사랑을 나누는 것이 성숙한 부부 관계다.

많은 관계의 문제는 거리 조절에 실패한 데 있다. 부모와 자녀의 관계도 마찬가지다. 자녀를 위해 일정한 거리를 유지해 주어야 한다. 하나님은 우리를 사랑하신다. 하지만 하나님도 우리와의 관계에서 어느 정도 거리를 유지하신다. 그 거리를 통해 친밀한 관계는 유지되고 지속된다. 리더란 일정한 거리를 유지하는 법을 배우고 가르치는 사람이다.

◇

고독은 갈등을 해결하게 한다

리더는 갈등에 직면할 때, 고독하다. 리더는 갈등이라는 문제를 잘 이해해야 한다. 리더가 갈등을 잘 해결하지 못하면, 공동체는 고통을 받게 된다. 성장을 멈추게 되고, 잘못하면 분열하거나 붕괴할 수도 있다. 반면에 갈등을 잘 해결하면, 새로운 차원으로 도약할 수 있다. 갈등을 좋아할 사람은 없다. 하지만 갈등은 삶의 한복판에서 늘 우리와 함께한다. 갈등이 없는 곳은 무덤뿐이다.

리더는 갈등을 잘 이해하고, 갈등을 변화와 성숙의 기회로 삼을 줄 알아야 한다. 갈등에는 부정적인 차원과 긍정적인 차원이 있다. 동전의 양면과 같다. 갈등이 공동체에 득(得)이 될 수도 있고, 실(失)이 될 수도 있다. 탁월한 리더는 갈등을, 공동체를 유익하게 만드는 쪽으로 승화시킬 줄 안다. 갈등의 해결은 리더십의 예술이다.

◇◇◇

리더는 갈등의 부정적인 차원을 먼저 이해해야 한다. 갈등은 고통을 낳는다. 갈등은 좌절과 회의와 실망을 낳고, 성장을 멈추게 만든다. 힘을 분산시키고, 생산력을 감소시킨다. 갈등이 있는 동안은 시너지 효과를 기대하기 어렵다. 갈등은 화목한 인간관계를 망가뜨린다. 갈등이 심화되면, 공동체의 목표를 상실하고, 우선순위를 망각하게 된다. 갈등은 우리 눈을 어둡게 하고, 분별력을 잃게 만든다. 갈등은 이성이 아닌 감정을 따라 생각하고 행동하게 만든다. 갈등은 아름다운 공동체 문화를 형성하는 장애물로 작용한다. 갈등을 잘못 다루면 피차 멸망하고 말 것이다.

"만일 서로 물고 먹으면 피차 멸망할까 조심하라"(갈 5:15).

리더는 갈등의 부정적인 차원과 함께 긍정적인 차원

을 이해해야 한다. 리더가 갈등의 긍정적인 차원을 이해할 때, 갈등을 긍정적으로 해석하고 반응할 수 있다. 갈등은 공동체가 살아 있다는 증거다. 살아 있는 생명체에는 갈등이 있다. 갈등은 아직 서로에게 관심이 있다는 증거다. 가장 경계해야 할 것은 무관심과 자포자기다. 갈등은 우리에게 소중한 가르침을 선물해 준다. 사람과 공동체는 갈등을 통해 변화하고 성숙한다. 갈등을 잘 이겨 내면, 이전보다 더욱 깊은 결속과 헌신을 하게 된다. 갈등 상황을 잘 통과하면, 이전보다 서로에 대한 이해가 깊어진다. 그럼으로써 인간관계의 기술이 향상된다. 갈등을 통해 이전에 생각하지 못했던 새로운 해결책을 발견하게 된다. 그리고 갈등을 통해 하나님의 음성을 들을 수 있다.

리더가 갈등의 부정적인 차원과 긍정적인 차원을 이해한 후에 가능하면 긍정적인 차원에 초점을 맞추어야 한다. 리더는 갈등을, 피할 수 없는 삶의 현실로 받아들여야 한다. 갈등으로부터 도피하지 말고, 갈등을 해결할 것을 선택하고 결단해야 한다. 갈등을 해결할 때는 신중해야 한다. 갈등 해결을 너무 쉽게 생각해서도 안 되며, 너무 어렵게 생각해서도 안 된다. 다만 신중하게 생각해야 한다. 문제가 있으면 해결책도 있다는 믿음을 가지고 갈등에 접근해야 한다.

◇◇◇

리더가 갈등에 직면할 때면 무엇보다 먼저 하나님께 나아가서 기도해야 한다. 기도하면서 지혜를 구해야 한다. 곧 분별력을 구해야 한다. 갈등의 원인이 무엇인지 분별해야 한다. 갈등의 원인은 다양하기 때문에 직면한 갈등의 핵심을 간파하는 분별력이 필요하다. 갈등의 원인을 정확하게 진단하고 파악하면, 갈등 문제를 잘 해결할 수 있게 된다. 무엇보다 갈등하는 사람들 사이에서 문제를 해결할 수 있는 공통분모를 찾아내야 한다. 서로 다른 의견을 틀렸다고 비난하지 않도록 해야 한다. 어떤 갈등은 쉽게 해결되지만, 어떤 갈등은 오랜 시간을 필요로 한다. 리더는 갈등을 잘 해결함으로써 새로운 성장을 경험하게 된다. 그래서 리더는 갈등을 해결하는 인간관계의 기술을 지속적으로 계발해야 한다. 갈등을 넘어 화목의 공동체를 세워야 한다.

고독은 억울할 때
하늘을 바라보게 한다

리더는 억울한 일을 당할 때 고독하다. 억울한 일이란 잘못한 것이 없는데도 벌을 받는 것이다. 자신이 저지르지 않은 범죄에 휘말려 누명을 쓰고 벌을 받는 것이다. 억울한 일을 당하면 분하고 답답하다. 미칠 것 같다. 잘못하면 억울병에 걸리게 된다. 고려대 한국어대사전은 억울병의 뜻을 '기분이 우울하고 신체에 피로감을 느끼며 불안을 느끼는 증상'으로 설명한다. 리더는 억울한 일에 부딪혔을 때, 그 억울함에 잘 대처해야 한다. 이때 잘 대처하지 못하면, 우울증에 빠지거나 의욕 상실에 빠져들게 된다. 가장 위험한 것은 자신을 억울하게 만든 사람에 대한 증오심을 품고 사는 것이다. 억울한 일에 부딪히면, 증오심을 품지 않도록 조심해야 한다. 데일 카네기는 "적을 증오하는 사람은 수면과 식욕, 혈압, 건강, 행복을 좌우할 힘을 적에게 빼앗긴다"고 말했다.

◇◇◇

요셉은 억울한 일을 겪었던 리더다. 그가 보디발의 아내의 유혹을 물리쳤을 때, 보디발의 아내는 요셉이 오히려 자기를 희롱하려 했다는 누명을 씌웠다(창 39:17-18). 보디발은 그의 아내의 말을 듣고 요셉을 옥에 가두었다(창 39:20). 요셉은 억울한 일을 당했지만, 증오심을 품지는 않았다. 그는 감옥 안에서도 최선을 다하는 삶을 살았다. 그가 머물렀던 감옥에서 그에게 맡겨진 사람들을 최선을 다해 섬겼다(창 40:4).

리더는 억울한 일을 만났을 때 증오심과 복수심을 품지 않도록 조심해야 한다. 증오심과 복수심을 품는 것만으로도 자신 안에 있는 엄청난 에너지를 손실할 수 있다. 자신 안에 있는 잠재력을 상실하는 것이다. 과거의 상처의 노예가 되어 사는 것이다. 지혜로운 리더는 원수 갚는 것을 하나님께 맡기고, 주어진 일상의 삶에 최선을 다한다. 하나님은 "원수 갚는 것이 내게 있으니 내가 갚으리라"(롬 12:19)라고 말씀하신다. 또 "너희 원수를 사랑하며 너희를 박해하는 자를 위하여 기도"(마 5:44)하고, "네 원수가 주리거든 먹이고 목마르거든 마시게 하라"(롬 12:20)고 말씀하신다.

다윗은 억울한 일을 당했던 리더다. 그는 이스라엘을 괴롭힌 골리앗 장군을 쓰러뜨린 공을 세운 사람이다. 그러나 사울 왕은 그를 시기하고 질투하여 수년 동안 괴롭혔다. 다윗에게 그것은 억울한 일이었다. 다윗의 훌륭한 점은 그를 괴롭힌 사울 왕을 죽일 기회가 있었는데도 죽이지 않았다는 것이다. 그는 사울 왕을 죽이지 않고, 하나님의 손에 맡겼다. 다윗이 사울에게 한 말을 들어보라.

"여호와께서 재판장이 되어 나와 왕 사이에 심판하사 나의 사정을 살펴 억울함을 풀어 주시고 나를 왕의 손에서 건지시기를 원하나이다"(삼상 24:15).

그는 하나님이 그의 억울함을 풀어 주시고, 그를 왕의 손에서 건져 주시길 기도했다. 하나님은 그의 기도대로 때가 되자 그의 억울함을 풀어 주셨다.

◇◇◇

　나는 억울한 일을 당한 경험이 있다. 교회 주차장이 협소하여 집 두 채를 구입했는데, 그 과정에서 내가 뇌물을 받았다고 몇 사람이 고소한 것이다. 뇌물을 받고 주차장 부지를 시가보다 비싸게 샀다는 것이 죄목이었다. 그 외에도 여러 가지 억울한 일을 당했다. 황당하고 답답했지만, 억울해하지 않기로 선택했다. 누구도 미워하지 않기로 선택했다. 증오심과 복수심을 품는 것을 사양했다. 그 이유는 가장 많이 억울한 일을 당하신 나의 주님이 억울해하시지 않았기 때문이다. 예수님이 그러셨다면, 나는 억울할 자격이 없다.

　예수님이 억울해하시지 않은 이유는 모든 것이 하나님의 섭리 안에 있다는 사실을 믿으셨기 때문이다. 또한 모든 것을 "오직 공의로 심판하시는"(벧전 2:23) 하나님의 손에 맡기셨기 때문이다. 나는 억울한 일을 당했을 때, 하나님의 절대 주권과 절대 섭리를 믿기로 선택했다. 때가 되자 하나님이 나의 억울함을 풀어 주셨다. 리더는 억울한 일을 만나면 고독하다. 하지만 그때가 하나님을 더욱 신뢰할 때임을 기억하자.

◈

고독은 거절의 아픔을 어루만진다

리더는 거절당할 때 고독을 느낀다. 리더가 걸어가는 길에는 거절의 고통이 있다. 거절의 고통은 인간이 경험하는 가장 큰 고통 중의 하나다. 이것은 버림받는 것과 같은 고통이다. 리더는 수많은 거절을 경험한다. 모세가 하나님이 명하신 출애굽의 사명을 완수하고자 할 때 백성들은 그를 수없이 거절했다. 그를 원망했다. 특별히 가장 가까운 사람들에게 거절당하는 것은 큰 아픔이다.

나 또한 거절당하는 아픔을 경험한 적이 있다. 교회 리더 중 몇 분이 나를 따르기를 거절할 뿐만 아니라 고

소까지 한 일이었다. 나는 법정 소송으로 3년 동안 고통스러운 시간을 보냈다. 결국, 섬기던 교회를 떠나야 했다. 거절의 아픔, 쫓겨나는 경험은 목회자의 길을 걷는 나에게 깊은 상처가 되었다. 지금도 가끔 피곤하면 나를 거절하고 내친 사람들이 꿈에 나타난다. 그토록 거절의 아픔은 큰 아픔이다.

거절당하는 아픔은 선택받지 못한 아픔이다. 교회가 새로운 목회자를 청빙할 때면 여러 목회자가 이력서를 제출하곤 한다. 수십 명이 인터뷰와 설교 심사를 받는다. 수개월이 걸리는 과정에서 오직 한 사람만 선택받는다. 선택받지 못한 다른 목회자들은 거절의 쓴잔을 마셔야 한다. 그것은 목회자에게만 해당하는 것이 아니다. 수많은 사람이 직장에 들어가기 위해서는 무한 경쟁을 벌인다. 그중에 선택된 사람은 한 명 또는 소수에 불과하다. 선택받지 못한 사람은 거절의 아픔을 경험해야 한다.

◇◇◇

리더는 거절의 문제를 잘 다루어야 한다. 거절하는 사람들을 만나는 것을 당연하게 생각해야 한다. 거절을 당연하게 여기면, 거절의 상처를 최소화할 수 있다. 거절당할 때마다 의기소침하지 않도록 조심해야 한다. 거절당하더라도 그때마다 거듭 다시 일어서야 한다. 리더는 자신이 제안한 어떤 의견을 거절당했을 때, 자신과 자신의 의견을 분리할 줄 알아야 한다. 사람들이 자신의 의견을 거절한 것이지, 자신을 거절한 것이 아니라는 사실을 기억해야 낙심을 극복할 수 있다.

구약의 선지자들은 한결같이 거절의 쓴잔을 마셨다. 거절의 아픔을 겪지 않은 선지자는 없다. 예레미야는 수많은 거절을 당한 눈물의 선지자다. 그는 하나님의 음성과 계시를 직접 받은 선지자였지만, 왕과 고관들과 백성들로부터 수없이 거절을 당했다. 그의 예언은 무시당했고, 그는 거짓 선지자 취급을 받았다. 그가 기록한 예언서는 불태워졌다. 그는 구덩이 속 진창에 빠뜨려졌고, 감옥에 갇혔다. 죽을 고비를 수없이 넘겼다. 놀라운 사실은 거절을 많이 당한 선지자일수록 역사에 더욱 위대한 선지자로 기록되었다는 것이다. 거절이라는 고난의 역설이다.

◇◇◇

거절 속에서 하나님의 뜻을 이루신 분이 예수님이다. 예수님이 자기 백성들에게 오셨을 때 백성들은 그

분을 영접하지 않았다(요 1:11). 예수님을 거절하고 배척했다. 예수님은 십자가에서 하나님 아버지의 거절을 받으셨을 때, 가장 큰 고통을 겪으셨다. 예수님은 신성과 함께 인성을 입으신 까닭에 십자가의 쓴잔을 피하고 싶으셨다. 예수님은 십자가에서 "나의 하나님, 나의 하나님, 어찌하여 나를 버리셨나이까"(마 27:46)라고 절규하셨다. 예수님도 거절당하고 버림받으셨다면, 우리가 경험하는 거절과 버림받음의 아픔은 특별한 것이 아니다.

예수님이 경험하신 거절의 끝자락에는 부활의 영광이 있었다. 거절 때문에 너무 낙심하지 말자. 거절은 부활의 영광으로 가는 길에서 만나는 반갑지 않은 친구일 뿐이다. 하지만 그 친구 때문에 부활의 영광에 이르게 된다. 거절이라는 친구와 친하게 지내도록 하자. 거절을 잘 극복함으로써 더욱 원숙한 리더가 되도록 하자.

고독은 실망에 주저앉지 않게 한다

　　자신이 존경했던 리더가 무너지는 모습을 볼 때, 리더는 고독해진다. 대단한 인기와 평판을 가졌던 리더가 무너지는 모습을 보는 것은 괴로운 일이다. 다윗은 사무엘이 그에게 기름을 부은 날부터 리더로 성장했다. 다윗이 처음 만났던 사울 왕은 대단한 인물이었고, 탁월한 리더였다. 그는 전쟁에 능한 왕이었으며 겸손했다. 전쟁에 나가면 백성들에게 거듭 승리를 선물하던 왕이었다. 하지만 사울 왕은 다윗에게 엄청난 실망을 안겨 주었다.

　사울 왕은 왕이면서 그의 장인이었지만, 질투에 사로

잡혀 다윗을 죽이기 위해 오랫동안 그를 괴롭혔다. 그는 추종자와 경쟁하고, 추종자를 시기하는 속 좁은 리더였다. 그는 키가 크고, 기골이 장대했지만, 됨됨이는 작은 리더였다. 그런데도 하나님은 사울 왕의 손에서 다윗을 키우셨다. 사울 왕과의 갈등을 통해 다윗을 왕으로 길러 내셨다. 다윗이 사울 왕의 어리석음과 실수를 반면교사로 삼아 리더십을 기르도록 훈련시키셨다. 하나님은 신비롭게도 사람들의 실수와 실패를 통해 리더를 키우신다.

다윗의 위대함은 사울 왕의 어두운 그늘을 보았지만, 그를 경멸하지 않은 점에 있다. 다윗은 사울 왕을 함부로 대하지 않았다. 하나님의 기름부으심을 받은 왕임을 인정하고, 그를 죽일 기회가 있었음에도 죽이지 않았다. 사울 왕이 전쟁터에서 죽었을 때, 그는 사울 왕의 죽음을 애도했다. 이스라엘 백성들에게 사울 왕과 그의 아들 요나단의 훌륭한 점을 상기시키고, 왕으로서 그가 백성들에게 베푼 은혜를 기억하라고 권면했다.

"사울과 요나단이 생전에 사랑스럽고 아름다운 자이러니 … 그들은 독수리보다 빠르고 사자보다 강하였도다 이스라엘 딸들아 사울을 슬퍼하여 울지어다 그가 붉은 옷으로 너희에게 화려하게 입혔고 금 노리개를 너희 옷에 채웠도다"(삼하 1:23-24).

훌륭한 리더 아래서 훌륭한 리더가 나온다. 모세에게서 여호수아와 갈렙이 나왔고, 엘리야에게서 엘리사가 나왔다. 훌륭한 리더는 훌륭한 리더를 낳는다. 하지만 때로는 실망을 안겨 주는 리더 아래서도 훌륭한 리더가 나올 수 있다. 신비롭게도, 하나님은 제사장 엘리의 손에서 사무엘을 키우셨다. 엘리와 그의 아들들은 하나님의 제사를 멸시했고, 글로 쓰기에도 부끄러운 죄를 범했다. 그런데 그들 사이에서 사무엘은 훌륭한 리더로 성장했다. 또 사울의 손에서 다윗이 나왔다.

◇◇◇

나는 한때 헨리 나우웬의 영적 스승인 장 바니에를 존경하여 그의 책을 즐겨 읽었다. 장 바니에는 발달 장애인을 위한 공동체를 만들어서 평생을 헌신한 영성가다. 그의 아름다운 영향력으로 발달 장애인을 위한 공동체가 전 세계에 세워졌다. 장애인을 위한 그의 숭고한 사랑과 헌신에 큰 감동을 받았고, 그가 죽었을 때 애도했다. 안타깝게도 그가 죽은 후에 그가 생전에 저질렀던 죄들이 드러나기 시작했다. 그의 헌신과 거룩이 죄를 짓는 도구가 되었다는 사실을 알게 되었다. 존경하는 영성가의 그늘진 면을 보면서 가슴 아팠다. 그렇다고 해서 그의 삶의 모든 면을 부정해서는 안 된다. 다윗이 사울 왕의 부족함에도 그의 훌륭한 점을 인정했던 것처럼 장 바니에의 훌륭한 점도 인정할 줄 알아야 한다.

리더는 하나님처럼 완벽한 존재가 아니다. 누구나 연약한 부분이 있다. 약점이 있고, 단점이 있고, 그늘진 부분이 있다. 에머슨의 말처럼 인간은 달처럼 누구에게나 어두운 부분이 있다. 존경하는 리더가 실망시킬 때 너무 낙심하지 않도록 하라. 하나님은 삼손처럼 뒤틀린 영성을 소유한 사람도 사용하셨다. 리더란 연약한 인간에 불과하다는 사실을 기억하라. 끝까지 쓰임 받는 리더는 3%에 불과하다. 그토록 리더의 길은 험난한 길이다. 아무나 걸을 수 있는 길이 아니다.

고독은 가까운 사람이 주는
상처에 의연하게 한다

리더의 마음속에는 숨은 소원이 있다. 그것은
가장 가까이에 있는 사람들에게 존경을 받는 것이다.
하지만 그것은 결코 쉬운 일이 아니다. 리더를 가까이
에서 대하다 보면, 좋은 점보다는 허물이 더 잘 보인다.
훌륭한 점보다는 지극히 인간적인 면이 더욱 잘 보인
다. 인간은 익숙해지면 존경하기보다는 경멸하게 된다.
밖에서 존경을 받는 리더도 가장 가까운 사람들에게
는 존경을 받지 못한다. 그때 리더는 고독을 경험한다.
다윗과 미갈은 부부로서 친밀한 관계여야 했다. 모든
사람이 존경하는 다윗을 그의 아내 미갈은 업신여겼다.

다윗이 하나님 앞에서 뛰놀며 춤추는 것을 보고 심중에 그를 업신여겼다.

"미갈이 창으로 내다보다가 다윗 왕이 여호와 앞에서 뛰놀며 춤추는 것을 보고 심중에 그를 업신여기니라"(삼하 6:16).

미갈은 심중에 업신여긴 것으로 그치지 않았다. 남편 다윗이 집에 돌아오자 말로써 깊은 상처를 주었다.

"미갈이 나와서 다윗을 맞으며 이르되 이스라엘 왕이 오늘 어떻게 영화로우신지 방탕한 자가 염치없이 자기의 몸을 드러내는 것처럼 오늘 그의 신복의 계집종의 눈앞에서 몸을 드러내셨도다 하니"(삼하 6:20).

듣기에 거북한 미갈의 말투가 느껴진다. 우리는 미갈의 말투와 표현을 통해 그가 남편을 얼마나 업신여겼는지를 알 수 있다. 하나님의 궤를 모시면서 그토록 기뻐했던 다윗에게 찬물을 부은 격이다. 그날 다윗은 격하게 고독했다. 환영해 줄 줄 알았던 아내에게서 모욕을 당한 것이다.

◇◇◇

욥의 아내도 욥에게 아픔을 주었다. 욥은 자녀를 모두 잃고, 재산도 모두 잃었다. 하지만 그는 하나님을 원망하지 않았고, 오히려 하나님을 경배하며 찬양했다 (욥 1:21-22). 그 후에 사탄이 욥의 몸을 쳐서 병들게 함으로써 그의 고난은 더욱 심화되었다. 욥이 재 가운데 앉아서 질그릇 조각으로 그의 몸을 긁고 있을 때, 그의 아내가 와서 험한 말로 상처를 주었다.

"그의 아내가 그에게 이르되 당신이 그래도 자기의 온전함을 굳게 지키느냐 하나님을 욕하고 죽으라" (욥 2:9).

욥을 가장 위로해 주어야 할 아내가 가장 깊은 상처를 주었다. 욥에게 하나님을 욕하고 죽으라는 것이다. 그날 욥은 격하게 고독했을 것이다.

예수님에게 상처를 준 사람들도 예수님과 상관없는 사람들이 아니었다. 오히려 가장 가까운 사람들이었다. 친족들은 예수님을 미쳤다고 했다(막 3:21). 고향 사람들은 예수님을 존경하지 않고 오히려 배척했다. 제자들이 예수님을 팔았으며 부인하기까지 했다. 리더는 가장 가까운 사람들에게서 존경받기가 힘들다. 리더는 그 현실을 받아들여야 한다. 가장 가까운 사람들에게 존경받겠다는 기대를 내려놓아야 한다. 그러한 사실을 예수님은 인정하셨다.

"예수께서 그들에게 이르시되 선지자가 자기 고향과 자기 친척과 자기 집 외에서는 존경을 받지 못함이 없느니라"(막 6:4).

가까이 교제하는 목회자들에게 언제 가장 고독한지 물었다. 또 가장 외로울 때, 그 외로움을 어떻게 해소하는지도 물었다. 대부분은 사모와의 대화를 통해 외로움을 달랜다고 답해 주었다. 하지만 모든 사모가 목회자 남편의 외로움을 달래 주는 것은 아니다. 언제나 그럴 수 있는 것도 아니다. 내가 만난 목회자 한 분은 주일 설교 후에, 사모가 자신의 설교를 부정적으로 평가할 때 가장 고통스럽다고 고백했다. 한번은 주일 오후에 차를 타고 집으로 돌아오는 중에 사모가 자신의 설교를 비판하는 말을 듣고, 화가 치밀어 교통사고를 낼 뻔했다고 한다. 리더는 위로해 줄 줄 알았던 가까운 사람에게서 비판을 받을 때 고독하다. 리더가 걷는 길은 모든 사람의 박수를 받는 꽃길이 아니다.

5

고독은 어떤 유익을
주는가

◈

고독은 자아 성찰의 기회를 준다

리더는 자아 성찰의 시간을 정기적으로 가져야 한다. 자아 성찰을 위해서는 고독으로 들어가야 한다. 고독은 자아 성찰로 들어가는 문이다. 고독의 시간은 자아 성찰의 시간이다. 고독의 시간은 하나님을 대면하고, 자신을 대면하는 시간이다. 자신을 대면하는 것은 결코 쉬운 일이 아니다. 우리는 스스로 자신을 포장한 채 살아간다. 외모와 내면의 간격이 생각보다 크다. 그래서 혼돈하다. 우리는 내면의 자아와 마주치는 것이 두려워 분주하게 지낸다. 가장 만나기 두려운 존재는 바로 자기 자신이다.

이것은 역설이다. 우리는 가장 돌보아야 할 자신을 함부로 대하고, 심지어 멸시하며 학대한다. 예수님은 자아를 부인하라고 말씀하셨다. 하지만 결코 자아를 멸시하거나 무시하라고 말씀하신 적은 없다. 자아를 부인하기 위해서는 자아를 잘 알고 잘 돌보아야 한다. 또한 자아를 진정으로 사랑하고 돌볼 줄 아는 사람만이 이웃을 진정으로 사랑하고 돌볼 수 있다.

◇◇◇

자아 성찰은 자신의 내면을 들여다보는 것이다. 자아 성찰을 위해서는 조용한 시간이 필요하다. 자아 성찰은 자신과의 친밀한 만남이다. 친밀한 만남은 공간과 시간을 필요로 한다. 친밀한 만남과 교제는 속성으로 이루어지지 않는다. 분주함과 서두름은 친밀한 만남의 장애물이다. 친밀한 교제를 위해서는 충분한 시간이 필요하다. 고요한 시간에 자신과 친밀한 교제를 나눌 줄 아는 사람이 다른 사람과 친밀한 교제를 나눌 줄 안다.

자아 성찰은 내면의 아픔과 상처와 불안과 염려와 두려움과 수치와 어두운 그늘을 조용히 들여다보는 것이다. 자아 성찰은 영혼의 검진과 같다. 우리는 몸이 아플 때 의사 선생님을 만나 건강 검진을 받는다. 마음이 아플 때, 우리는 영혼의 의사이신 하나님을 만나야 한다. 우리 영혼의 깊은 곳까지 통찰하시는 성령님의 도우심을 받아야 한다. 또한 우리 "혼과 영과 및 관절과 골수를 찔러 쪼개기까지 하며 또 마음의 생각과 뜻을 판단"(히 4:12)하는 말씀의 도움을 받아야 한다.

◇◇◇

자아 성찰을 통해 우리는 거짓 자아를 벗어 버리게 된다. 성경에서 말하는 옛 사람을 벗어 버리는 것이다(엡 4:22). 그리고 그리스도 안에서 창조된 새 사람을 입게 된다(엡 4:24). 영성 훈련은 영혼의 습관을 형성하는 것이다. 거룩한 영적 습관 중의 하나는 날마다 하나님의 말씀 앞에 머물러 자신을 성찰하는 것이다. 날마다 하나님 앞에서 자신을 성찰하고, 돌볼 줄 아는 리더는 자신이 만나는 사람들의 영혼을 돌볼 수 있게 된다.

우리가 만나는 사람들의 마음과 감정을 읽는 가장 좋은 길은 자신의 마음과 감정을 읽는 것이다. 영적 성숙이란 마음의 감정을 분별하고 다스리는 것이다. 리더는 마음의 감정을 조절하고, 다스릴 줄 알아야 한다. 마음의 감정을 다스릴 줄 아는 리더는 안정감이 있다. 그는 고요한 영혼을 소유한 사람이다.

리더는 자아 성찰을 통해 자신의 강점과 약점을 알아야 하고, 자신의 기질과 성향을 파악해야 한다. 자신의 내면의 소리에 귀 기울일 줄 알아야 한다. 무슨 문제든 피하기만 해서는 해결되지 않는다. 문제에 직면함으로써 해결할 수 있다. 리더의 문제는 그의 내면에 숨어 있다. 리더는 자신의 문제를 잘 해결함으로써 공동체를 섬길 수 있다. 우리는 정직하게 자아를 성찰하고, 자신의 문제를 인정할 줄 아는 리더를 신뢰한다. 우리는 진정성 있는 리더를 신뢰하고 따른다. 자신의 문제를 인정할 줄 아는 리더는 공동체가 직면하는 문제를 인정하고 감추지 않는다. 문제로부터 도망가지 않고, 용기 있게 문제를 해결해 나간다. 자아 성찰은 리더의 소중한 덕목이다. 소크라테스는 "성찰하지 않는 삶은 살 가치가 없다"고 말했다. 리더가 가슴에 새겨야 할 말이다.

◈

고독은 영감이 임하는 시간이다

리더에게 중요한 것은 영감이다. 영감(靈感)을 한마디로 정의하기는 어렵다. 영감은 계시의 영이 임하는 경험이다(엡 1:17). 영감은 위로부터 임하는 지혜, 위로부터 임하는 창조적 아이디어, 위로부터 임하는 문제 해결의 지혜와 같은 것이다. 사전적으로는 '창의적인 일의 동기가 되는 착상이나 자극'을 의미한다. 영감이란 예술적 착상, 음악적 착상과 관련하여 사용하는 언어로 주로 예술가들이 사용하는 언어다.

나는 목회 선배들로부터 목회는 '종합예술'이란 말을 들었다. 처음에 그 말이 이해되지 않았다. 하지만 목회를 오래 할수록 목회는 종합예술이라는 생각이 든다. 목회자는 매주, 또는 매일 설교하며 사는 사람이다. 설교에 필요한 것이 영감이다. 말씀을 읽고 묵상할 때, 성령의 감동으로 영감이 주어지면 말씀을 잘 깨닫게 된다. 말씀을 제대로 깨달아야 성도들을 올바로 깨우칠 수 있다. 깨달음 없이 어떻게 올바로 깨우칠 수 있겠는가? 남을 깨우치기 위해서는 내가 먼저 깨달아야 하며, 깨달음은 성령님의 감동을 통해 주어진다.

나는 설교를 준비하고 글을 쓸 때마다 성령님의 도우심을 구한다. 성령의 감동과 감화를 갈망한다. 자신의 힘만으로 설교를 준비하고, 글을 쓴다는 것은 참으로 어려운 일이다. 마치 기름 없이 등불을 켜는 격이다. 기름 없이 심지만 태우면 연기만 날 뿐이다. 영감 없이 사역한다는 것은 가솔린이나 전기 없이 자동차를 움직이겠다는 것과 같다. 기름 없이 비행기를 운항하겠다는 것과 같다. 영감이란 우리 스스로 만들어 내는 것이 아니다. 밖에서 안으로 들어오는 것이다. 영감이란 영어로 'inspiration'이다. 이것은 '안에'(in)에 '생기'(spirit)를 불어넣는다는 뜻이다. '영감을 주다'라는 뜻의 영어 동사는 'inspire'인데, '안에 생기를 불어넣는다'는 뜻이 담겨 있다.

＊＊＊

영감을 한자로 살펴보면 흥미롭다. '신령 령'(靈)과 '느낄 감'(感)이 합쳐져 영감(靈感)이 되었다. '령' 자를 자세히 살펴보면, 중간에 '입 구'(口) 자가 세 개 있다. 삼위일체 하나님을 떠올리게 한다. '감' 자에는 '마음 심'(心)이 담겨 있다. 즉 '마음으로 느끼다'라는 뜻과 '마음을 움직이다'라는 뜻이 담겨 있는 것이다. 영감이란 성삼위 하나님이 우리 마음을 감동하심으로써 놀라운 것을 느끼고 생각하게 하시는 것을 뜻한다고 하겠다.

고독한 시간은 영감을 받는 시간이다. 나는 어떤 주제에 관심을 갖게 되면, 그 주제에 대해 가능한 한 많은 지식과 정보를 습득한다. 그 후에 조용히 묵상하는 시간을 가지면서 영감 받기를 갈망한다. 영감이 임하면, 연구해 온 주제가 한순간에 열리는 것을 경험하게 된다. 설교를 준비할 때도 같은 과정을 거친다. 최선을 다해 연구하고 묵상하는 시간을 갖는다. 묵상하면서 떠오르는 통찰을 메모한다. 가능한 한 충분히 연구하고, 묵상한 후에 기도하는 마음으로 조용히 컴퓨터 앞에 앉는다. 마치 아이를 잉태하고 출산하는 엄마처럼 깨달음을 출산하는 시간을 갖는 것이다. 이때 영감이 임하는 것을 경험하게 된다. 고민하는 문제를 해결할 때도 같은 과정을 거친다.

　영감은 게으른 사람들에게는 임하지 않는다. 에디슨은 "천재는 99%의 노력과 1%의 영감으로 만들어진다"고 말했다. 영감을 얻고 싶다면, 최선을 다해 노력해야 한다. 많이 학습하고 숙고할수록 영감이 임할 확률이 높아진다. 영감이 임하면, 깨달음이 열린다. 깨달음이 열릴 때, 이전에는 생각하지 못했던 아이디어가 떠오른다. 또한 그동안 읽었던 내용들이 서로 관련을 맺게 된다. 마치 에스겔 골짜기의 마른 뼈들이 서로 연결되어 군대가 되는 것과도 같다. 리더는 가능한 한 많이 연구해야 한다. 그 후 고독한 시간, 고요한 시간을 통해 영감을 받아야 한다.

고독은 느림의 여백을
되찾아 준다

리더는 속도의 중요성을 아는 사람이다. 하지만 영적 리더는 속도의 중요성을 알면서도 느림의 영성을 추구한다. 느림은 결코 게으름이 아니다. 느림은 하나님과 깊이 만나는 여백을 의미한다. 깊이 숙고할 수 있는 여백이다. 이것은 하나님의 말씀을 깊이 묵상하는 여백을 의미한다. 느림은 하나님과 친밀한 사랑을 나누는 여백을 의미한다. 리더에게 가장 위험한 것은 분주함이다. 리더의 가장 큰 유혹은 사람들에게 바쁘게 보이고 싶은 유혹이다. 바쁜 리더가 잘나가는 리더처럼 보인다. 그래서 바쁜 척한다. 그리고 정말 바쁘게 살기도 한다. 하지만 바쁘게 무엇인가를 만들어 내는 것은 참으로 위험하다.

◇◇◇

존 마크 코머는 그의 책 《슬로우 영성》에서 "바쁨과 사랑은 양립할 수 없다. 아버지, 남편, 목사, 나아가서 인간으로서 내 인생의 최악의 순간들은 하나같이 바쁜 순간들이었다"고 말한다(존 마크 코머, 《슬로우 영성》, 두란노, 39쪽). 달라스 윌라드는 존 오트버그에게 "삶에서 바쁨을 가차 없이 제거해야 하네"라고 조언했다. 그는 "바쁨은 우리 시대에 영적 삶을 방해하는 큰 적"이라고 말했다. 칼 융은 "바쁨은 악마의 것이 아니라 악마 자체"라고 말했다. 분주하다는 것은 정신없이 뛰어다니는 것을 의미한다. 이것은 곧 우리 마음이 산란하다는 것을 의미한다. 존 오트버그는 "바쁨은 단순히 헝클어진 스케줄이 아니라 헝클어진 마음"이라고 말한다.

영적 리더가 해야 할 일은 사람들의 속도를 조절해 주는 것이다. 속도보다 중요한 것은 방향이다. 속도보다 중요한 것은 깊이다. '피상적'이란 깊이가 없는 것을 의미한다. 영성을 추구하는 사람들은 피상적인 것이 얼마나 위험한가를 안다. 달라스 윌라드는 "가상의 친숙함은 생소함을 낳았고, 생소함은 경멸을 낳았으며, 경멸은 심각한 무지를 낳았다"고 말한다(달라스 윌라드, 《하나님의 모략》, 복있는사람, 17쪽). 피상적이라는 것은 가상의 친숙함을 의미한다. 하나님이 우리에게 원하시는 것은 참되고 깊이 있는 친밀함이다.

리더가 슬로우 영성을 추구해야 하는 이유는 하나님과 동행하기 위해서다. 하나님과 동행하기 위해서는 서둘러서는 안 된다. 월터 애덤스는 "예수님과 동행하는 것은 서두르지 않고 느린 속도로 걷는 것이다. 바쁨은 곧 기도의 죽음이며, 우리의 일을 저해하고 망칠 뿐이다. 절대 우리의 일을 진척시키지 않는다"라고 말했다. 리더가 하나님과 동행하지 않으면서 사람들을 인도하는 것은 위험한 일이다. 리더는 사람들을 인도하기 전에 먼저 하나님의 인도를 받아야 한다.

◇◇◇

리더가 슬로우 영성을 추구해야 하는 두 번째 이유는 하나님이 일하시는 것을 분별하기 위해서다. 분주하다는 것은 하나님보다 앞서고 있다는 뜻이다. 기도보다 앞서고 있다는 것이다. 말씀을 읽고 묵상하고 실천하는 것보다 앞서고 있다는 것이다. 분주하면 하나님이 일하시는 것을 분별할 수가 없다. 하나님의 사람에게 하나님의 뜻과 하나님의 때를 분별하는 것보다 더 중요한 것은 없다. 분별하기 위해서는 서두르면 안 된다.

분별은 고요한 관찰을 통해 임한다. 고요한 관찰은 깊은 관심에서 시작된다. 분주하면 깊은 관심을 기울일 수 없다. 분주하면 어떤 것도 조용히 관찰할 수 없다. 분주하면 사랑하는 사람들과 자녀들의 얼굴을 관찰할 수 없다. 리더에게 분별력은 생명력과 같다. 분별하지 못하면, 잘 이끌 수 없다. 분별은 깊이 보는 통찰을 의미한다. 깊이 보지 않고는 깊이 감추인 것을 깨달을 수 없다. 고요히 기다릴 때, 하나님의 일하시는 것과 하나님의 때를 분별할 수 있다. 가장 적합한 때에 가장 정확하게 행동할 수 있게 된다. 분별할 때, 올바로 선택할 수 있다. 올바로 선택할 때, 좋은 결과를 얻게 된다. 리더는 슬로우 영성으로 속도를 조절하고, 깊이를 추구하는 사람이다.

◇

고독은 침묵의 세계로 초대한다

리더는 고독을 통해 침묵의 세계 속으로 들어간다. 침묵은 하나님의 언어다. 태초에 깊은 침묵이 있었다. 그 깊은 침묵 가운데 하나님이 말씀하셨다. 모든 세계는 하나님의 말씀으로 지어졌다(히 11:3). 침묵 가운데 나온 말씀이 창조의 능력이 되었다. 리더는 말을 많이 할 수밖에 없다. 리더는 말로 사람들에게 비전을 나누고, 말로 동기를 부여하고, 말로 사람들을 설득해야 한다. 문제는 리더가 말을 많이 하다 보면 말실수를 하게 된다는 데 있다. 때로는 지킬 수 없는 약속을 하거나 과장해서 말하기도 한다.

리더가 말을 많이 했을 때, 경험하는 것은 후회다. 리더는 말한 후에는 바둑을 두는 사람들이 복기(復棋)하는 것처럼 자신이 한 말을 복기해야 한다. 복기란 바둑에서 한 번 두고 난 바둑의 판국을 평가하기 위해, 두었던 대로 다시 처음부터 놓아 보는 것이다. 자기 성찰이 깊은 리더는 사람들에게 말을 한 후에 자신이 한 말들을 처음부터 다시 상기해 본다. 그 과정에서 해서는 안 될 말을 했거나 쓸모없는 말을 했거나 상처를 주는 말을 했던 것을 후회하게 된다. 리더가 말을 많이 한 후에 경험하는 감정은 공허한 감정과 후회하는 감정이다.

◇◇◇

말을 많이 할 수밖에 없는 리더에게 필요한 것은 침묵이다. 침묵은 리더가 영혼을 관리하는 방법이다. 영혼 관리란 내면의 불꽃이 시들지 않게 관리하는 것이다. 우리 내면에는 성령님의 기름 부으심을 통해 타오르는 불꽃이 있다. 그 불꽃이 시들면, 우리 영혼은 연약해진다. 영혼의 힘이 약해지면 사람을 두려워하게 되고, 유혹 앞에 무력해진다. 반면에 내면의 불꽃이 밝게 타오르게 되면 세상을 이기는 힘이 강해지고, 어떤 상황에서도 흔들리지 않게 된다. 내면의 불꽃을 간직하는 길은 침묵이다. 침묵은 내면의 불꽃을 간직하는 힘이다. 리더는 말을 많이 하면 기운이 빠지는 것을 경험하게 된다. 반면에 침묵하면 내적으로 힘을 얻게 되는 것을 경험한다.

침묵은 단순히 말을 하지 않는 것 이상이다. 깊은 침묵을 위해서는 언어의 침묵과 함께 내면의 침묵이 필요하다. 침묵하기 위해서는 내면의 혀가 말하지 않도록 내면의 혀를 잘 다스려야 한다. 입으로 말하지 않아도 속으로 말을 많이 할 때가 있다. 진정한 침묵은 속으로 말하는 것조차 삼가는 것이다. 리더가 침묵하는 이유는 말을 하지 않기 위해서가 아니라 꼭 필요한 말을 하기 위해서다. 사람을 치유하고, 사람을 살리고, 사람을 회복시키는 말을 하기 위해서다. 리더는 말로써 사람을 든든히 세우고 격려해야 한다. 침묵 가운데 나오는 언어는 지혜롭고 아름답다.

◇◇◇

리더의 언어가 아름다운 언어가 되기 위해 필요한 것이 침묵 훈련이다. 예수님은 정기적으로 침묵하기 위해 홀로 있는 시간을 가지셨다. 침묵하기 위해서는 조용한 장소와 시간이 필요하다. 그런 장소와 시간을 갖는 것이 어렵다면, 내면에 있는 조용한 사막으로 들어가면 된다. 초대 교회 사막의 교부들은 사막으로 들어가서 침묵 수련을 했다. 하지만 우리는 그럴 수가 없다. 그래서 우리는 내면에 있는 조용한 사막으로 들어가야 한다.

침묵 수련을 하면 처음에는 많은 소음이 들려온다. 많은 말이 우리 마음에서 솟구쳐 올라오는 것을 경험하게 된다. 많은 생각이 찾아오는 것을 경험하게 된다. 급히 처리해야 할 일들이 떠오른다. 그렇다고 너무 당황하지 말라. 인내하며 기다리면 깊은 침묵에 이르게 된다. 침묵은 들음이다. 침묵할 때, 마음의 귀로 듣게 된다. 침묵 중에 우리는 세상 소리가 아니라 하나님의 음성을 듣게 된다. 엘리야가 경험한 하나님의 세미한 음성을 듣게 된다(왕상 19:12). 예수님이 들으셨던 하늘의 음성을 듣게 된다(마 3:17). 우리를 사랑하신다는 하나님의 음성을 듣고, 만나는 사람들에게 그 사랑을 전해 주는 것이 리더의 역할이다.

◇

고독은 마음을
고요한 호수로 만든다

리더의 고독은 고요함을 낳는다. 리더의 영혼은 고요해야 한다. 고요하기 위해서는 정기적으로 홀로 있어야 한다. 리더가 고요해야 하는 까닭은 고요해야 잘 경청할 수 있기 때문이다. 시끄러우면 들을 수 없다. 고요할 때 자신과 사람들의 내면 깊은 곳에서 들려오는 소리를 들을 수 있다. 위로부터 임하는 하나님의 음성을 들을 수 있다.

리더는 고요한 마음을 가꿀 줄 알아야 한다. 고요한 마음은 조용하고 잠잠한 마음이다. 우리 영혼은 시끄러운 것을 싫어한다. 너무 분주한 것도 싫어한다. 영혼은 고요한 것을 좋아한다. 여유 있는 것을 좋아한다. 동양화의 여백처럼 영혼은 여백을 즐긴다. 영혼은 너무 빠르고 산만하면 불안해한다. 우리 영혼을 잘 돌보는 길은 정기적으로 멈추어 고요를 가꾸는 것이다. 고요를 가꾸는 지혜는 영혼을 조율하는 지혜다. 악기가 아름다운 소리를 내기 위해서는 정기적으로 조율해 주어야 한다. 그와 같이 영혼도 정기적으로 조율해 줄 때 아름다운 빛을 발하게 된다.

◇◇◇

리더가 고요한 영혼을 가꾸기 위해서는 고요에 관심을 가져야 한다. 모든 것은 관심에서 시작한다. 나는 고독에 관심을 가지면서부터 고독에 관한 글을 쓰기 시작했다. 고독에 관심을 가지면서 고독의 세계가 열리는 것을 경험했다. 고요의 세계도 마찬가지다. 고요에 관심을 가지면, 고요의 세계가 열리고, 눈이 열린다. 고요에 관심을 가지면, 고요를 사랑하게 되고, 고요가 주는 유익을 깨닫게 된다. 고요는 리더의 삶을 풍성케 해 주는 은혜의 수단이다.

리더가 고요한 영혼을 가꾸기 위해서는 침묵해야 한다. 침묵은 내면의 성소로 들어가는 열쇠다. 침묵하는 중에 내면의 성소로 들어가면, 고요를 경험하게 된다. 내면의 성소로 들어간다는 것은 내면의 중심부로 들어가는 것이다. 내면의 중심부는 폭풍의 눈처럼 언제나 고요하다.

고요한 영혼을 가꾸기 위해서는 하나님께 무거운 짐을 내려놓아야 한다. 우리 마음에는 무거운 짐들이 많다. 리더는 자신의 무거운 짐뿐만 아니라 다른 사람의 무거운 짐을 대신 짊어지는 사람이다. 리더는 책임감이라는 무거운 짐을 지고 살아가는 사람이다. 하지만 짐이 너무 무거우면 마음이 억눌리게 된다. 무거운 짐을 지고는 안식할 수 없다.

무거운 짐은 우리가 사람들로부터 받은 상처가 만들어 낸 것이다. 상처가 만들어 낸 짐은 미움, 원망, 우울, 실망, 섭섭함, 억울함, 좌절, 그리고 복수심이다. 상처를 준 사람들에 대한 분노와 쓴 뿌리는 무거운 짐이다. 그 무거운 짐들을 하나님 앞에 내려놓아야 한다.

낙타는 일과를 마치면, 주인 앞에 무릎을 꿇는다. 그때 주인이 그의 등에서 무거운 짐을 내려 준다. 아침이 되면 낙타는 다시 주인 앞에 무릎을 꿇는다. 주인은 낙타가 그날 감당해야 할 짐을 등에 올려 준다. 리더는 낙타처럼 주인 되시는 하나님 앞에 정기적으로 무릎을 꿇고, 짐을 내려놓아야 한다. 하나님만이 참된 안식을 주시는 분이다(마 11:28).

◇◇◇

고요한 영혼을 가꾸면, 고요한 평강을 경험하게 된다. 평강은 고요 속에 깃든다. 평강은 염려가 사라진 상태다. 염려는 고요를 깨뜨린다. 해결책은 염려하는 대신에 기도하는 것이다. 기도를 통해 염려를 하나님께 맡기는 것이다(벧전 5:7). 그때 하나님의 평강이 임한다(빌 4:6-7).

고요한 영혼을 가꾸면, 고요한 지혜가 임한다. 고요한 지혜는 고요한 통찰력이자 고요한 분별력이다. 고요해질 때, 마음은 고요한 호수가 된다. 고요한 호수는 맑고 밝다. 맑고 밝아지면, 이전에 안 보이던 것들이 보인다. 고요한 호수처럼 마음이 맑고 밝아지면 놀라운 지혜들이 조용히 임한다. 영감이 넘치게 된다. 이전에 생각지 못했던 문제 해결책이 떠오르게 된다. 고요한 영혼을 소유한 리더는 다른 사람들의 마음을 움직일 수 있다. 리더가 고요한 영혼을 가꾸는 시간은 결코 낭비가 아니다. 고요는 리더에게 천상의 지혜를 선물해 준다.

◈

고독은 온유함을 배우게 한다

리더는 고독을 통해 온유한 성품을 가꿀 줄 알
아야 한다. 고독은 성품을 가꾸고, 기질을 변화시키는
용광로다. 온유란 따뜻하고 부드러운 성품이다. 리더는
따뜻해야 한다. 또한 부드러워야 한다. 부드러움은 유
연함이다. 강한 것은 부러지기 쉽다. 유연한 것은 부러
지지 않는다. 리더는 공동체를 따뜻하게 만들고, 부드럽
게 만들어야 한다. 생명은 따뜻하고 부드러운 데 깃든
다. 차갑고 딱딱해지면 죽음이 가까웠다는 것을 의미한
다. 예수님은 "나는 마음이 온유하고 겸손하니"(마 11:29)
라고 말씀하신다. 또 "온유한 자는 복이 있나니 그들이

땅을 기업으로 받을 것"(마 5:5)이라고 말씀하신다. 온유한 사람은 땅을 기업으로 받게 될 것이다. 땅을 기업으로 받는다는 것은 다스리는 것을 의미한다. 곧 온유한 사람은 다스리는 복을 누리게 된다.

성경에서 다스림은 세도를 부림이 아니다. 섬세한 돌봄을 의미한다. 온유한 사람은 잘 돌볼 줄 안다. 온유한 사람은 사람도 동물도 자연도 잘 돌볼 줄 안다. 하나님은 온유를 좋아하시고, 폭력을 싫어하신다. 하나님은 폭력적인 사람에게 귀한 것을 맡기시지 않는다. 그 이유는 폭력은 파괴적이기 때문이다. 세우기보다 무너뜨리는 경향이 있기 때문이다. 하나님은 온유한 사람에게 소중한 것을 맡기신다. 온유는 비폭력이다. 온유는 세우고 일으키는 힘이다. 폭력은 겉으로는 강해 보이지만, 사람의 마음을 얻지 못한다. 우리는 강함을 원하지만, 강함은 오래가지 못한다. 반면에 따뜻하고 부드러운 것은 오래간다. 하나님의 마음과 사람의 마음을 얻는 길은 온유에 있다.

◇◇◇

모세가 40세가 되었을 때 애굽 사람을 쳐 죽임으로 하나님의 뜻을 이루려고 했다(출 2:12; 행 7:24). 그는 폭력으로 하나님의 뜻을 성취하려고 했다. 하나님은 모세의 폭력적인 성품을 변화시키기 위해 광야 학교에 입학시키셨다. 그는 40년 동안 고독한 광야 학교에서 온유한 성품을 가꾸어 온유한 사람이 되었다.

"이 사람 모세는 온유함이 지면의 모든 사람보다 더 하더라"(민 12:3).

하나님은 모세를 온유하게 만들어 그로 하여금 히브리 민족을 인도하게 하셨다.

'온유'의 헬라어 어원은 '길들인 야생마'에서 나왔다. 야생마는 거칠다. 거칠다는 것은 에너지가 차고 넘친다는 것을 의미한다. 에너지는 좋은 것이다. 하지만 통제되지 않은 에너지는 위험하다. 통제되지 않은 거친 야생마는 위험하다. 반면에 거친 야생마를 길들이면, 온유해진다. 온유함을 통해 거친 야생마는 준마(駿馬)가 된다. 온유한 성품은 거친 야생마와 같은 우리 마음을 준마로 만든다. 온유란 거대한 에너지를 통제해서 선한 일에 사용하는 것이다. 분노는 거대한 에너지다. 분노가 모두 나쁜 것은 아니다. 의분은 좋은 것이다. 의분을 통해 잘못된 것을 바로잡을 수 있다. 의분을 통해 정의를 실현할 수 있다. 그러나 의분도 다스리지 않으면, 폭력이 된다. 온유란 의분을 다스려 좋은 결과를 만들어 내는 성품이다.

온유는 다른 사람을 다스리기 전에 자기 자신을 다스리는 것이다. 리더는 다른 사람을 다스리기 전에 자신을 다스릴 줄 알아야 한다. 자신을 다스리는 것은 쉬운 일이 아니다. 그것은 내면의 일이며 고독한 일이다. 지속적인 훈련을 거쳐야 하는 일이다. 온유는 자신 안에 있는 분노하는 마음, 거친 마음을 다스리는 것이다. 정말 강한 자는 자기를 이기는 사람이다. 자기를 정복할 줄 아는 사람이다. 리더는 세상을 정복하기 전에 자신을 정복할 줄 알아야 한다. 진정한 리더의 승리는 자신을 이기는 데서 시작된다.

온유한 성품은 성령의 열매다(갈 5:22-23). 성령 충만한 리더는 온유하다. 성령 충만한 리더는 온유함으로 자신과 다른 사람을 다스리고 섬긴다. 리더는 날마다 온유한 마음을 가꾸어야 한다. 그래야 자신 안에 있는 폭력을 인식하고, 다스릴 수 있다. 폭력의 힘을 승화시켜 거대한 에너지를 만들어 낼 수 있다. 온유는 리더가 가꾸어야 할 소중한 성품이다.

고독은 눈물을
고귀하게 여기게 한다

리더의 눈물에는 많은 것이 녹아 있다. 리더의
눈물은 진하다. 리더가 눈물을 흘릴 때 새로운 역사가
시작된다. 느헤미야는 형제 하나니로부터 예루살렘 소
식을 전해 들었다. "남아 있는 자들이 그 지방 거기에서
큰 환난을 당하고 능욕을 받으며 예루살렘 성은 허물어
지고 성문들은 불탔다"(느 1:3)는 소식이었다. 그 소식을
들은 느헤미야의 반응을 보라.

"내가 이 말을 듣고 앉아서 울고 수일 동안 슬퍼하며
하늘의 하나님 앞에 금식하며 기도하여"(느 1:4).

그의 울음은 자신을 위한 울음이 아니었다. 그의 눈

물은 자기 민족을 위한 눈물이었다. 하나님의 성 예루살렘을 위한 눈물이었다. 하나님을 위한, 하나님을 향한 눈물이었다.

◇◇◇

눈물을 흘릴 줄 아는 리더가 건강한 리더다. 눈물을 모르는 리더는 위험하다. 사람들의 눈물을 비웃는 리더는 참으로 위험하다. 리더는 눈물을 고귀하게 여기고, 사람들의 눈물을 닦아 줄 줄 알아야 한다. 요한계시록에서 만나는 하나님은 모든 눈물을 씻어 주시는 하나님이시다.

"하나님께서 그들의 눈에서 모든 눈물을 씻어 주실 것임이라"(계 7:17).

건강한 리더는 희로애락이 분명하다. 리더는 지성과 감성과 영성에 조화를 이루어야 한다. 리더는 지성이라는 논리로 설득하되 감성을 움직일 줄 알아야 한다. 그 감성의 핵을 이루는 것이 눈물이다. 요셉은 탁월한 리더였다. 그의 탁월함은 눈물에 있었다. 그는 형제들을 만나자 큰 소리로 울었다(창 45:2). 그는 크게 울 줄 아는 리더였다.

바울은 에베소를 떠날 때 자신이 "모든 겸손과 눈

물"(행 20:19)로 그들을 섬겼다고 말했다. 에베소 성도들
과 헤어질 때, 그들은 "다 크게 울며 바울의 목을 안고
입을 맞추고"(행 20:37) 함께 기도했다. 바울은 눈물의 사
도였다. 눈물로 사랑하고, 눈물로 가르쳤고, 눈물로 섬
겼다. 리더가 흘리는 눈물에는 사랑이 녹아 있고, 영혼
이 녹아 있다. 켄 가이어는 "흘리는 눈물마다 한 조각
영혼이 녹아 있다. 눈물보다 더 위대한 영혼의 창은 없
을 것이다. 우리가 흘리는 눈물은 자기 실체의 우물에
서 길어 올린 것이다"라고 말한다(켄 가이어, 《울고 싶은 날
의 은혜》, 두란노, 84쪽).

◇◇◇

눈물은 리더의 영혼의 창을 닦아 주는 거룩한 생수
다. 영혼의 창이 깨끗해야 바로 보고, 깊이 볼 수 있다.
영원의 시각에서 볼 수 있다. 우리는 리더의 겉모습만
본다. 사람들은 리더에게서 용기를 찾는다. 용기는 리
더의 가장 중요한 덕목이다. 하지만 리더를 만드는 것
은 용기만이 아니다. 진실이 담긴 눈물도 리더를 만든
다. 리더가 흘리는 진실된 눈물에 사람들의 마음이 움
직인다. 수많은 말보다 진실된 눈물이 사람들의 영혼
을 터치한다.

리더는 때로 몰래 눈물을 훔치며 운다. 리더는 사람들 앞에 눈물을 보이는 것을 두려워한다. 그래서 남몰래 눈물을 흘리는 것이다. 그러나 하나님이 그 눈물을 보신다. 예레미야는 눈물의 선지자다. 그는 고독 가운데 울었다. 완고한 백성들 때문에 울었고, 하나님의 말씀을 대언하면서 울었다.

"밤에는 슬피 우니 눈물이 뺨에 흐름이여"(애 1:2).

"이로 말미암아 내가 우니 내 눈에 눈물이 물같이 흘러내림이여 나를 위로하여 내 생명을 회복시켜 줄 자가 멀리 떠났음이로다"(애 1:16).

리더가 흘리는 눈물의 흔적은 그의 인생의 흔적이다. 슬플 때는 울어야 한다. 그때 영혼이 정화된다. 충분히 울어야 마음에 평화가 깃든다. 리더도 사람이다. 사람이기에 운다. 리더의 눈물은 마음에서 강이 되어 흐른다. 그 눈물이 사람들의 마음을 적신다. 리더가 눈물과 함께 나눈 사랑과 눈물로 이루는 과업은 보배다.

고독은 리더를
리더(reader)로 만든다

리더는 외로울 때 책을 읽는다. 리더(leader)는 리더(reader)다. 나는 지도자라는 정체성보다는 목회자라는 정체성을 갖고 산다. 하지만 목회자는 리더의 역할을 감당해야 하기에 자신이 리더가 아니라고 부인할 수 없다. 리더가 되어 리더십을 발휘한다는 것은 어려운 일이다. 나 자신도 이끌기 어려운데, 많은 사람을 이끌어야 한다는 것은 힘든 일이다. 1989년, 나는 32살의 나이에 로고스교회를 개척했다. 개척자가 되었을 때, 내게 절실히 필요했던 것은 리더십이었다.

담임목사가 되면서 나는 부목사 때 경험하지 못했던

무거운 책임감을 느꼈다. 매일 선택하고 결정해야 할 일이 많았다. 잘 선택하여 올바로 결정해야 했다. 사람들을 만나서 개척하는 교회에 대한 비전을 제시해야 했다. 사람들을 움직이고 사람들을 설득해야 했다. 목표를 설정하고, 목표를 달성해야 했다. 사람을 얻는 법을 터득해서 사람들을 얻어야 했다. 바울은 사람을 얻는 것을 소중히 여겼다.

"내가 모든 사람에게서 자유로우나 스스로 모든 사람에게 종이 된 것은 더 많은 사람을 얻고자 함이라" (고전 9:19).

나는 사람들을 얻고 사람들을 키우고 훈련시켜야 했다. 이 모든 일은 리더십과 관련된 일이었다.

◇◇◇

나는 훌륭한 스승들을 만나서 리더십을 배웠다. 하지만 스승들을 직접 대면할 수 있는 것은 일 년에 몇 번 되지 않았다. 그래서 나는 훌륭한 스승들에게 리더십에 관한 책을 추천해 달라고 부탁했다. 이동원 목사님이 내게 소개해 준 첫 번째 책은 오스왈드 샌더스의 《영적 지도력》이었다. 나는 그 책을 반복해서 읽었다. 그 후로 리더십에 관한 수많은 책을 읽었지만,《영적 지도력》은 내 마음 깊이 새겨진 책 중의 하나다. 리더십에 관한 책을 읽으면서 리더는 책을 가까이해야 한다는 사실을 배웠다. 탁월한 리더들은 늘 책을 읽었고, 책을 친구 삼아 살았다.

나는 책을 통해 인생을 배웠고, 인간을 이해하게 되었다. 나는 책 속에 길이 있다고 믿는다. 좋은 책 속에 길이 있다. 특별히 성경 속에 길이 있다. 나는 인생 여정에서 수많은 시련을 통과해 왔다. 수많은 문제에 직면했고, 수많은 장애물을 만났다. 도저히 풀 수 없을 것 같은 문제를 만난 적도 있다. 그때마다 책을 읽었다. 책을 읽으면서 문제 해결책을 찾을 수 있었다. 정말 중요한 것은 문제에 대한 관점이 바뀐다는 것이다. 문제를 문제로 보지 않고, 기적의 기회로 볼 수 있게 된다. 인생에서 중요한 것은 해석과 반응이다. 어떤 문제든 그 문제를 보는 관점이 더욱 중요하다. 문제를 문제로 보는 것과 문제를 기적을 창조하는 기회로 보는 것은 하늘과 땅의 차이다.

◇◇◇

리더는 외롭다. 리더는 많은 사람과 더불어 살지만 깊은 대화를 나눌 수 있는 사람은 많지 않다. 그래서 리더는 책을 친구삼아 산다. 리더에게 책은 가장 좋은 친구다. 책은 리더를 배신하지 않는다. 책은 언제나 리더와 동행해 주는 좋은 친구다. 책은 좋은 저자와의 만남을 주선해 준다. 책은 역사를 가르쳐 준다. 책은 생각을 자극함으로써 생각하는 리더로 만들어 준다. 책은 리더를 깨어 있게 하고, 그의 역량을 키워 준다. 책은 변화의 흐름을 알도록 도와준다. 바울은 로마 옥중에서 영의 아들인 디모데에게 로마로 올 때 책을 가져오라고 부탁했다(딤후 4:13). 예수님은 "늘 하시던 대로"(눅 4:16) 회당에 들어가서 성경을 읽으셨다.

나는 외로운 날이면 서점을 방문하여 책을 읽는다. 책을 열면, 인생이 열리고 길이 보인다. 내가 책을 읽을 때, 책이 나를 읽어 준다. 한 권의 책을 읽고 나면, 그 책을 읽기 전과는 다른 사람이 된다. 책 중의 책은 성경이다. 영적 리더는 성경을 늘 가까이해야 한다. 성경은 영원한 진리를 제공해 주고, 길 되시는 예수님을 만나게 해 준다. 리더는 책을 읽을 뿐만 아니라 사람들에게 책을 읽도록 도와주어야 한다. 그 이유는 책 속에 길이 있기 때문이다.

◆

고독은 성취 후의 공허감을
극복하게 한다

리더가 경험하는 고독 중의 하나는 성취 후에 경험하는 고독이다. 리더는 과업을 성취하는 사람이다. 리더에게는 과업이 주어진다. 리더로 과업을 성취하라고 세움을 받는다. 그런 까닭에 리더는 자신에게 주어진 과업을 소중히 여기고, 그 과업에 초점을 맞추어야 한다. 모세에게는 출애굽의 과업이 주어졌다. 여호수아에게는 가나안 땅을 정복하는 과업이 주어졌다. 바울에게는 이방인 선교와 세계 복음화의 과업이 주어졌다. 리더의 평가는 어떤 과업을 어떻게 성취했는가로 드러난다. 리더는 과업을 완수함으로 하나님께 영광을 돌리는 사람이다.

예수님은 하나님 아버지가 맡기신 일을 이루어 하나님을 영화롭게 하셨다.

"아버지께서 내게 하라고 주신 일을 내가 이루어 아버지를 이 세상에서 영화롭게 하였사오니"(요 17:4).

한때 일보다는 성품이 중요하다고 생각하며 일을 소홀히 한 적이 있다. 하지만 예수님이 아버지께서 맡기신 일을 통해 아버지를 영화롭게 하셨다는 사실을 깨닫고, 다시 일을 소중히 여기게 되었다. 물론, 성품 없는 과업 성취는 위험하다. 아름다운 성품을 통해 이룬 과업만이 하나님께 영광이 된다. 훌륭한 리더는 성품과 과업의 균형을 잘 이룬 리더다.

◇◇◇

리더가 과업을 성취하는 과정에서 경험하는 고독이 있다. 그 고독은 사람들이 잘 움직여 주지 않을 때 경험하는 고독이다. 사람들의 반대가 극심할 때, 경험하는 고독이다. 사람들이 과업 성취의 동기를 오해할 때, 경험하는 고독이다. 과업을 성취하는 과정에서 심한 갈등을 겪을 때, 경험하는 고독이다. 과업 성취에 필요한 자원이 잘 조달되지 않을 때, 경험하는 고독이다. 시작한 과업이 지체될 때, 경험하는 고독이다. 과업을 성취하는 것은 결코 쉬운 일이 아니다. 성취하기 위해서는 피와 땀과 눈물을 흘려야 한다. 엄청난 헌신과 대가를 지불해야 한다.

리더가 과업을 성취한 후에 경험하는 고독이 있다. 신비롭게도 성취는 공허를 낳는다. 성취의 기쁨은 잠깐이다. 그 후에 공허가 물밀듯이 밀려오는 것을 경험하게 된다. 큰 성취 후에 큰 공허가 찾아온다. 사회학적으로 보면, 리더는 연예인과도 같다. 사람들의 스포트라이트를 받는 위치에 있기 때문이다. 과업을 성취할 때, 사람들의 주목을 받고, 박수를 받게 된다. 인기를 끌 수도 있다. 하지만 신비롭게도 성취의 기쁨이나 인기는 오래가지 않고, 그다음에는 공허가 찾아온다. 침체가 찾아온다. 그래서 리더라는 자리는 위험한 자리다. 리더가 누리는 영광은 위험한 영광이다. 그 공허한 감정을 잘못 다루면, 유혹에 빠지게 된다. 범죄의 늪으로 빠져들게 된다.

다윗이 언제 밧세바를 범하고, 우리야를 죽였는지를 생각해 보라. 큰 성취를 이룬 후다. 모든 어려움이 지나간 후다. 그때 그가 경험한 것은 공허였다. 외로움이었다. 다윗은 그의 공허한 감정을 밧세바를 범하는 것으로 풀려고 했다. 다윗은 그의 죄를 은닉하려고 힘쓰는 중에 그는 깊은 영적 침체의 늪으로 빠져들었다. 겉으로는 하나님을 예배했지만, 그의 내면은 영적 침체의 강을 건너고 있었다. 리더는 다윗의 범죄와 실수를 반면교사로 삼아야 한다.

◇◇◇

리더가 성취 후에 경험하는 공허감을 극복하는 길은 먼저 그 사실을 인식하는 것이다. 성취 후의 공허감을 인식하는 사람은 그것을 예방하고 극복할 수 있다. 리더가 성취 후의 공허감을 극복하는 길은 하나님 앞으로 나아가는 것이다. 리더의 허전한 마음을 참된 충만으로 채워 주실 수 있는 하나님 앞으로 나아가는 것이다. 예수님이 오병이어의 기적을 일으키셨을 때, 사람들은 예수님을 억지로 붙들어 임금으로 삼으려고 했다(요 6:15). 그때 예수님은 혼자 산으로 올라가서 기도하셨다(마 14:23). 리더는 성취 후에 방심하지 않아야 한다. 더욱 깨어 기도해야 한다. 그래야 성취 후의 공허감을 잘 극복하고, 계속 정진할 수 있다.

◆

고독은 결핍을 통해
하나님의 부요를 경험케 한다

리더는 과업을 성취하기 위해 지적, 인적, 재정적, 그리고 영적 자원을 동원할 줄 알아야 한다. 리더는 재정 문제를 회피할 수 없다. 어떤 교회에서는 목회자에게 재정을 일절 관여하지 못하게 한다. 그런데 교회 재정이 어려워지면, 목회자가 무능하다는 평가를 받는다. 지금도 수많은 교회가 재정 문제로 고통받고 있다. 사람들은 목회자가 돈 이야기하는 것을 싫어한다. 하지만 예수님은 재물을 자주 언급하셨다. 예수님은 재물이 가진 힘과 위험을 모두 간파하셨다. 예수님의 비유 가운데 3분의 2 정도가 재물과 관련되어 있다는 것은 놀라운 일이다.

하나님은 리더를 키우실 때 가난 속에서 키우시는데, 결핍을 통해 단련시키신다. 다윗을 그렇게 훈련시키셨다. 그가 머문 곳은 유대 광야 아둘람 굴이었다. 그가 아둘람 굴에 머물 때 찾아온 사람들은 한결같이 가난한 사람들이었다.

"환난 당한 모든 자와 빚진 모든 자와 마음이 원통한 자가 다 그에게로 모였고 그는 그들의 우두머리가 되었는데 그와 함께한 자가 사백 명가량이었더라"(삼상 22:2).

다윗은 난민이 되어 수년 동안 생활했다. 그는 결핍을 통해 연단을 받은 후에 부요한 다윗 왕국을 세웠다.

하나님은 엘리야를 연단시키기 위해 그를 결핍 속으로 집어넣으셨다. 그는 그릿 시냇가에서 까마귀가 갖다 준 음식으로 연명했다(왕상 17:3-6). 그릿 시냇가에서의 연단이 끝났을 때, 하나님은 그를 가난한 사르밧 과부의 집으로 보내셨다. 엘리야는 그 집에서 3년 6개월을 보냈다. 결핍을 통해 연단을 받은 엘리야는 하늘에서 비를 내림으로써 이스라엘을 부요케 했다.

◇◇◇

나는 1975년에 서울신학대학에 입학하여 공부했다.

신학교에서 공부하는 동안 결핍이 늘 나를 따라다녔다. 그 당시 신학생들은 대부분 가난했다. 수업료 때문에 애절하게 기도하고, 기숙사비 때문에 간절히 기도했다. 나는 왜 하나님이 신학생들을 가난을 통해 연단하시는 지 궁금했다. 이제 돌이켜 보면, 그것이 하나님이 리더를 키우시는 방법임을 깨닫는다. 결핍이 나쁜 것은 아니었다. 결핍이 나로 하여금 하나님께 나아가서 기도하게 만들었다. 결핍은 하나님을 바라보고, 하나님만 의지하게 만들었다. 나는 결핍을 통해 하나님의 공급하시는 손길을 경험했다.

1982년에 미국에서 유학 생활을 시작했다. 미국에 온 지 3개월이 지났을 때 재정이 바닥이 났다. 어느 주일에는 딸 아이 우유 살 돈도, 헌금할 돈도 없었다. 재정이 바닥나면 목회자는 사모에게 미안한 마음이 든다. 어떤 사모는 너무 고통스러워 눈물을 흘리기도 한다. 결핍은 목회자 가족을 외롭게 만든다. 우리 부부는 결핍의 때에 옷장 하나를 정리하고, 기도하기 시작했다. 기도를 드리는 중에 하나님의 공급하는 손길을 수없이 경험했다.

◇◇◇

하나님은 결핍을 통해 리더를 연단하시지만, 결핍 의식 속에 사는 것을 원치 않으신다. 결핍 의식은 리더를 좌절시키고 무력하게 만든다. 리더는 결핍 의식이 아닌 풍부 의식을 갖도록 해야 한다. 리더가 어떤 의식을 가지고 사람들을 인도하는지는 매우 중요하다. 물론, 풍부 의식이 기복신앙으로 흘러서는 안 된다. 풍부 의식이 재물에 집착하게 만들어서도 안 된다.

리더는 풍부 의식을 올바로 이해해야 한다. 풍부 의식은 하나님의 풍부하심과 충만하심에 근거한다. 나는 풍부 의식을 가지고 성경을 읽는 중에 충만, 풍부, 부요, 그리고 풍성이라는 단어를 많이 접하게 되었다. 무엇보다 하나님은 부요하시고, 충만하신 분임을 깨달았다. 하나님은 결핍을 통해 기도하게 하시고, 결핍을 통해 풍성한 복을 베풀어 주신다. 그러므로 결핍은 풍부하신 하나님께 나아가는 에너지다. 결핍을 통해 부디 하나님의 부요하심을 경험하는 리더가 되길 바란다.

고독은 이인자의 길을 걷게 해준다

리더들 가운데 이인자의 길을 걷는 분들이 있다. 이인자의 길을 걷는다는 것은 외로운 일이다. 인간은 누구나 무대 위에 서서 스포트라이트를 받고 싶어 한다. 하지만 무대 뒤에서 은밀하게 섬기는 리더들이 있다. 나는 그들을 "무대 뒤에 선 영웅들"이라고 부른다. 탁월한 리더들은 한때 이인자로서 리더를 잘 섬겼던 사람들이다. 여호수아는 모세의 시종으로서 40년 동안 무대 뒤에서 조용히 모세를 섬겼다. 모세가 죽자 하나님은 여호수아를 가나안 땅을 정복하는 리더로 세우셨다.

하지만 갈렙은 달랐다. 갈렙은 계속해서 이인자의

길을 걸어야 했다. 그는 여호수아와 함께 모세를 섬겼다. 처음에는 갈렙이 여호수아보다 앞섰던 것으로 보인다. 하나님은 갈렙과 여호수아의 헌신을 인정하시고 칭찬하셨다(민 32:12). 가나안 땅을 정탐하고 돌아왔을 때 백성들 앞에서 목소리를 높였던 사람은 갈렙이었다(민 14:6-9). 하지만 40년이 지난 후에 하나님은 갈렙이 아닌 여호수아를 역사의 무대에 세우셨다. 그는 계속 무대 뒤에서 이인자로서 여호수아를 섬겼다. 하나님이 여호수아를 이스라엘의 리더로 세우셨을 때, 갈렙은 무슨 생각을 했을까 궁금하다. 갈렙도 인간이기에 격한 외로움을 느꼈을 것 같다. 하지만 성경에 나타난 그의 생애를 보면, 그 외로움을 마음에 오래 품은 것 같지는 않다. 그는 성심을 다해 여호수아를 섬겼고, 성실하게 이인자의 역할을 잘 감당했다. 그는 위대한 이인자의 삶을 끝까지 살았던 리더다.

◇◇◇

세례 요한도 훌륭한 이인자의 삶을 살았다. 그는 예수님보다 6개월 먼저 태어났다. 예수님보다 먼저 역사의 무대에 등장한 그는 수많은 사람의 관심 대상이 되었다. 사람들은 그를 메시아로 여길 정도였다. 세례 요한은 그들을 향해 분명히 "나는 그리스도가 아니라"(요 1:20)고 밝혔다. 그는 자신을 "주의 길을 곧게 하라고 광야에서 외치는 자의 소리"(요 1:23)라고 소개했다. 그는 자신의 위치와 역할을 정확히 알았다. 그의 역할은 이인자였다. 예수님이 역사의 무대에 등장하시자 그는 예수님을 높여 드리고, 역사의 무대에서 스스로 사라졌다. 그에게는 질투가 없었다. 그는 주어진 사명을 완수한 것으로 만족했다. 예수님은 그를 가리켜 "여자가 낳은 자 중에 요한보다 큰 자가 없도다"(눅 7:28)라며 칭찬하셨다. 그러나 결국 감옥에 갇혀 목이 베어 죽임을 당하게 되었을 때는 그도 몹시 외로웠을 것이다.

◇◇◇

바나바도 훌륭한 이인자의 삶을 살았다. 그가 안디옥 교회의 담임 목회자가 되었을 때, 그는 사도 바울보다 앞서 있었다. 사도행전을 기록한 누가도 처음에는 바나바를 앞세워 기록하다가 나중에는 바울을 앞세워 기록한다. 처음에는 "바나바와 바울"(행 13:7)로 기록했다가 나중에는 "바울과 바나바"(행 15:35)로 기록했다. 그러고 나서 어느 순간 바나바는 역사의 무대에서 사라진다.

바나바는 질투가 없는 사람이었다. 그의 탁월함은 훌

륭한 인물을 알아보는 데 있었다. 그는 자기보다 탁월한 리더십을 발휘할 수 있는 인물을 알아보았다. 바로 사도 바울이었다. 바나바는 다소에 가서 바울을 데려와 안디옥에서 함께 사역했다(행 11:25-26). 또한 선교 여행에 동행하기도 했다(행 13:4). 그의 역할은 바울을 세우는 일이었다. 바울이 충분히 세워지자 그 역시 역사의 무대에서 사라졌다. 그는 어떤 면에서 바울보다 더 큰 그릇이었다. 바나바는 바울과 같은 큰 인물을 가슴에 품고 세워 준 리더였다.

어떤 의미에서 모든 영적 리더는 이인자다. 왜냐하면 우리는 모두 예수님을 섬기는 리더들이기 때문이다. 그런 면에서 우리는 모두 이인자의 길을 끝까지 겸손하게 걸어야 한다. 오직 예수님만 높이는 이인자의 길을 걸어야 한다. 오직 예수님이 맡기신 사명을 완수하는 데 헌신해야 한다.

고독이 빚어낸
리더의 모습

리더는 견디고
또 견디는 사람이다

리더는 사람에 대해 오래 참고, 어려운 환경을 잘 견뎌야 한다. 리더는 견디고 또 견디는 사람이다. 그래서 리더는 고독하다. 리더가 하나님께 구해야 할 은혜는 견딤의 은혜다. 리더는 고난을 스승으로 삼고 살아간다. 고난이 없는 리더는 없다. 리더의 길에 들어선다는 것은 고난의 길에 들어선다는 것을 의미한다. 물론, 고난을 좋아하는 사람은 아무도 없다. 나도 고난을 좋아하지 않는다. 하지만 고난의 순간에 가장 필요한 사람이 리더다. 고난이 찾아오면 사람들은 모두 리더를 바라본다. 고난의 순간에 준비된 리더는 빛을 발한다. 그 이유는 고난을 잘 견뎌 낸 리더는 그만큼 지혜롭기 때문이다. 견고하여 흔들림이 없기 때문이다. 고난을 능히 극복하고 문제를 해결할 수 있는 혜안(慧眼)을 가졌기 때문이다.

◇◇◇

견딤이 중요한 까닭은 견딤 속에 인생의 비밀이 담겨 있기 때문이다. 아기를 잉태한 엄마가 10개월을 견뎌야만 소중한 생명이 태어난다. 환자가 잘 견딜 때 치유를 경험한다. 견딤을 통해 곡식과 과일이 무르익는다. 견딤을 통해 소중한 과업이 성취된다. 견딤을 통해 영감을 얻고, 막혔던 길이 열리는 것을 경험하고, 기도 응답을 경험한다.

견딤이 중요한 까닭은 견딤의 과정이 있어야만 쓰임이 있기 때문이다. 견딤의 강도가 쓰임의 강도를 결정한다. 욥에게 찾아온 고난은 혹독했다. 그는 모든 것을 상실했다. 재산과 자녀들과 건강까지도 상실했다. 하지만 그는 끝까지 잘 견뎌 냈다. 그의 견딤의 길이와 강도를 생각해 보라. 누구보다 그의 견딤의 길이가 길었고, 그 강도가 강렬했다. 그런 까닭에 수천 년이 지난 지금도 고통 중에 있는 수많은 사람이 욥기를 읽으며 위로

를 얻는다. 욥의 영향력은 고난받는 사람들에게 영원하
다. 그 이유는 욥이 고통스러운 고난을 오랫동안 잘 견
딘 까닭이다.

견딤 하면 떠오르는 일본의 니시오카 가문 이야기가
생각난다. 일본에 있는 세계 최고의 목조 건축물을 '호
류지'라고 부른다. 니시오카 가문은 화재와 멸실의 위
험이 있는 호류지를 1,400년간 대대로 지켜왔다. 일본
사람들은 크고 오래된 건축물을 짓는 목수를 '미야다이
쿠', 즉 '궁목수'라고 한다. 니시오카 가문은 궁목수 가
문이다. 그들이 천 년이 넘도록 지탱하는 목조 건축물
을 세울 수 있었던 까닭은 천 년 이상을 지탱할 수 있는
노송(老松)을 썼기 때문이다. 니시오카 가문은 "천 년 이
상을 지탱하는 건축물을 지으려면, 천 년은 된 노송을
써야 한다"고 가르쳐 왔다. 그들은 나무의 생명력을 그
나무가 오랫동안 견뎌 낸 연수로 측정했다. 천 년을 견
딘 나무는 천 년 이상 쓰임 받는다. 견딤이 있은 연후에
쓰임이 있음을 가르쳐 주는 이야기다.

◇◇◇

천 년을 견딘 나무가 천 년을 쓰임 받는다면 영원토
록 쓰임 받는 나무가 있다. 바로 십자가다. 십자가는 가

장 오래된 나무다. 그런 까닭에 가장 오래 쓰임 받고 있다. 십자가로 영원히 살 수 있는 신앙의 집을 짓도록 하라. 십자가는 용광로를 견뎌 낸 나무다. 불을 견뎌 낸 나무는 없다. 오직 십자가뿐이다. 십자가가 저주도, 심판도, 그리고 정죄도 다 견뎌 낼 수 있었던 것은 십자가에 못 박히신 예수님 때문이다. 예수님이 함께하셨기에 견뎌 낼 수 있었다.

예수님은 십자가에서 고난을 견디셨다. 그런 까닭에 예수님은 영원히 우리 구주가 되신다. 어차피 견뎌야 할 고난이라면, 감사함으로 견디자. 예수님의 십자가를 생각하며 견디자. 예수님이 십자가를 참으신 것은 "앞에 있는 기쁨"(히 12:2)을 생각하셨기 때문이다. 십자가의 고난은 영원하지 않다. 고난이 소낙비처럼 그치는 날이 반드시 온다. 우리가 할 일은 예수님처럼 앞에 있는 기쁨을 바라보며 잘 견디는 것이다. 견딤의 시간은 고독한 시간이다. 하지만 견딤이 있어야 쓰임이 있음을 기억하자.

◈

리더는 두려움 중에도
전진하는 사람이다

리더는 신비로운 존재다. 리더는 연약해 보이지만, 강력한 용기를 발휘하는 사람이다. 윈스턴 처칠은 리더의 가장 중요한 자질은 용기에 있다고 말했다. 그는 "용기는 인간이 지닌 첫 번째 자질로 평가되어야 한다. 그 하나가 다른 모든 자질을 보증하기 때문이다"라고 말했다. 리더의 고독은 두려움 중에도 용기를 발해야 하는 고독이다.

리더에게도 두려움이 엄습해 온다. 두려움은 외로움을 낳는다. 두려움이 없는 사람은 없다. 두려움이 없다면, 그는 사람이 아니다. 아니면 뇌에 문제가 생긴 것이다. 두려움은 실존의 문제다. 두려움은 날마다 경험하는 인간의 감정이다. 바울이 고린도교회 성도들에게 한 고백을 들어보라.

"내가 너희 가운데 거할 때에 약하고 두려워하고 심히 떨었노라"(고전 2:3).

그토록 용맹스러워 보이던 바울의 고백이다. 두려움은 누구나 경험하는 감정이지만, 극복해야 할 감정, 정복해야 할 감정이기도 하다. 그 이유는 두려움은 리더를 비겁하게 만들기 때문이다. 두려움은 리더를 무력하게 만든다. 그래서 하나님은 거듭 "두려워하지 말라"(사 41:10, 13)고 말씀하신다.

◇◇◇

민수기 13장과 14장에는 열두 정탐꾼 이야기가 나온다. 그들 모두 이스라엘의 리더들이었다. 하지만 그들 중 열 명은 가나안 땅을 정탐한 후에 두려움에 사로잡혔다. 두려움에 사로잡힌 나머지 가나안 거민을 과대평가하고, 자신들은 과소평가했다. 가나안 거민은 거인들이며, 그들 자신은 메뚜기 같다고 말했다(민 13:33). 두려움은 문제를 극대화하고, 기회를 극소화한다. 두려움은 잠재력을 말살시키고, 불가능의 늪으로 빠져들어 가게 된다. 두려움에 빠진 열 명의 정탐꾼은 "우리는 능히 올라가서 그 백성을 치지 못하리라 그들은 우리보다 강하니라"(민 13:31)라고 말했다.

두려움은 우리를 무능하게 만들고, 올바로 생각하지 못하게 만든다. 두려운 생각과 감정에 사로잡히게 된다. 두려움은 원망하게 만든다. 두려움에 사로잡힌 열 명의 정탐꾼은 온 이스라엘 백성들을 원망하게 만들었다(민 14:2). 두려움과 원망은 전염성이 강하다. 두려움은 앞으로 전진하는 것이 아니라 뒤로 후퇴하게 만든다. 열 명의 정탐꾼과 두려움에 사로잡힌 이스라엘 백성들은 애굽으로 돌아가자고 소리쳤다(민 14:3-4). 반면에 두 명의 정탐꾼, 여호수아와 갈렙은 가나안 땅을 능히 정복할 수 있다고 외쳤다(민 14:6-9). 두려움은 리더가 반드시 극복해야 할 문제다.

하나님은 모세가 죽은 후에 여호수아를 이스라엘 백성의 리더로 세우셨다. 그에게 가나안 정복의 과업을 맡기셨다. 모세가 죽은 후에 여호수아가 경험한 것은 두려움이다. 두려움에 빠지면, 작은 일에도 놀라게 된다. 두려움과 놀람은 동행하는 친구다. 또한 우리가 멀리해야 할 친구다. 하나님은 여호수아에게 "두려워하지 말며 놀라지 말라"(수 1:9)고 말씀하셨다. 만약 여호수아에게 두려움이나 놀라움이 없었다면, 하나님이 그에게 두려워하지 말고 놀라지 말라고 말씀하시지 않았을 것이다. 하나님은 여호수아에게 거듭 "강하고 담대하라"(수 1:6, 7, 9)고 말씀하셨다. 그 이유는 리더가 강하고 담대해야 과업을 성취할 수 있기 때문이다.

◇◇◇

두려움을 극복하는 길은 문제보다 하나님을 바라보는 것이다. 하나님과 함께 우리를 두렵게 하는 문제를 노려보는 것이다. 문제를 두려워하고 문제에서 도피하게 되면, 문제는 더욱 크게 느껴진다. 반면에 문제를 조용히 노려보면, 문제는 작아지고 크신 하나님의 동행을 느끼게 된다(수 1:5). 두려움을 정복하는 길은 두려움 중에도 행동하는 것이다. M. 스캇 펙은 "용기란 두려움의 부재가 아니다. 그것은 두려움에도 불구하고 행동하는 것이다"라고 말했다. 리더는 두려움 중에도 전진하는 사람이다. 리더는 사람들을 행동하게 만드는 사람이다. 그래서 리더의 역할이 소중한 것이다.

리더는 책임을 지는 사람이다

리더가 다른 사람의 잘못까지 모두 책임져야 할 때 고독하다. 리더는 공동체에서 일어나는 모든 일에 최종 책임을 져야 한다. 그런 까닭에 리더의 길은 외로운 길이다. 보통 사람은 문제가 생기면 남을 탓한다. 심지어 하나님을 탓하기도 한다. 남을 탓하고 책임을 전가하는 유전자는 아담에게서 내려온 것이다. 아담과 하와가 선악과를 따 먹은 후에 한 일은 서로 탓하는 것이었다. 뱀을 탓하고, 하나님을 탓했다.

책임지는 리더가 되려면 성숙해야 한다. 예수님은 선한 목자와 삯꾼에 관해 말씀하신다(요 10:11-15). 선한 목자는 양들을 끝까지 책임지는 사람이다. 반면에 삯군 목자는 이리와 곰이 나타나면 양들을 버리고 도망간다. 선한 목자는 양들을 보호하기 위해 끝까지 자리를 지킨다. 모든 사람이 다 떠난 자리에 남아 끝까지 자리를 지킬 줄 아는 사람이 진정한 리더다. 하나님이 다윗을 선택하신 이유는 그가 아버지의 양 한 마리를 지키기 위해 목숨을 걸었기 때문이다. 다윗은 곰과 사자의 발에서 양 새끼를 건져 냈다. 그는 아버지의 양을 책임질 줄 알았다. 하나님은 다윗의 그 모습을 보시고, 그를 택해 그에게 이스라엘 백성을 맡기셨다(시 78:70-72).

리더가 항상 모든 문제를 책임질 수는 없다. 리더가 전능한 하나님은 아니기 때문이다. 하지만 리더는 공동체에서 일어나는 일에 관한 책임을 느껴야 한다. 함께 일하는 사람들이 실수하거나 잘못했을 때, 리더는 책임을 느껴야 한다. 그들을 선택한 사람이 리더이기 때문이다. 물론, 성숙한 공동체는 모든 책임을 리더에게만 돌리지 않는다. 더불어 책임을 공유한다. 하지만 미숙한 공동체는 무슨 일이 생기든지 리더에게 모든 책임을 지라고 떠맡긴다. 그때 리더는 격한 고독을 경험한다.

리더가 책임을 진다고 할 때, 그것은 무엇을 의미하는 것일까? 책임을 진다는 것은 현실을 받아들인다는 것이다. 책임을 진다는 것은, 문제를 인정하는 것이며 남 탓하는 것으로 시간을 낭비하지 않겠다는 것이다. 책임을 진다는 것은 문제 해결책을 찾고, 새로운 대안을 찾는다는 것이다. 책임을 진다는 것은 돌이킬 수 없는 것에 집착하지 않는다는 것이며 할 수 없는 일이 아닌 할 수 있는 일에 집중한다는 것이다. 책임을 진다는 것은 미움과 원망과 복수심을 품지 않는다는 것이고, 용서해야 할 사람을 용서한다는 것이다.

또한 책임을 진다는 것은 사건에 대한 반응을 잘하는 것이다. 어떤 사건이 일어났을 때, 그 사건을 일으킨 사람들에 대한 원한을 품으면 문제 해결이 되지 않는다. 일단 사건이 일어난 현실을 인정해야 한다. 그다음에는 그 사건에 어떻게 반응할지, 문제를 어떻게 해결할지 생각해야 한다. 원한이나 복수심으로는 문제 해결이 되지 않는다.

◇◇◇

요셉은 그에게 일어난 사건에 반응을 잘한 리더다. 요셉은 그의 형제들에 대한 원한으로 자신의 생애를 망치지 않았다. 하나님께 모든 것을 맡기고, 그는 책임을 질 줄 아는 존재로 살았다. 요셉은 그의 현실을 받아들였고, 그가 할 수 있는 일을 했다. 그는 자신이 머무는 곳에서 최선을 다했다. 감옥에 들어가서도 남을 탓하는 데 시간을 보내지 않았다. 자신에게 맡겨진 일에 최선을 다했다. 그런 까닭에 그의 얼굴은 늘 밝았고, 그의 태도는 긍정적이었다. 국무총리가 되었을 때도 그는 그가 해야 할 일에 충실했다. 그것은 만민의 생명을 살리는 것이었다. 그는 형제를 탓하며 그의 인생을 허비하지 않고, 그들을 용서했다. 리더는 용서하는 사람이다. 요셉의 생애는 고독했다. 하지만 그는 탁월한 리더로서 많은 백성의 생명을 살렸다(창 50:20).

◇

리더는 경청하는 사람이다

고독은 경청(傾聽)으로 들어가는 문이다. 리더는 말을 잘하는 것보다 경청을 잘해야 한다. 경청을 잘해야 하나님의 뜻을 전할 수 있다. 경청을 잘해야 섬기는 사람들의 언어로 소통할 수 있다. 성경은 경청을 매우 강조한다. 경청은 하나님의 말씀을 청종(聽從)하는 것이다. 청종 속에는 순종이 포함되어 있다. 하나님의 말씀을 듣고, 그 말씀에 순종하는 것이 청종이다.

사울 왕의 실패는 하나님의 말씀에 청종하지 않은 데 있었다. 하나님은 사무엘을 통해 사울 왕에게 청종의 중요성을 말씀하셨다. 리더가 가슴에 새겨야 할 말씀이다.

"사무엘이 이르되 여호와께서 번제와 다른 제사를 그의 목소리를 청종하는 것을 좋아하심같이 좋아하시겠나이까 순종이 제사보다 낫고 듣는 것이 숫양의 기름보다 나으니"(삼상 15:22).

하나님은 사울 왕을 폐하시고, 하나님의 말씀을 청종할 줄 아는 다윗을 왕으로 세우셨다. 다윗은 아버지의 양 떼를 치던 시절부터 경청하는 법을 배웠다. 그는 유다 광야와 고요한 사막에서 하나님의 음성을 듣는 법을 배웠다. 그 덕분에 백성들의 말도 경청할 수 있었다.

◇◇◇

경청한다는 것은 사랑한다는 것이다. 폴 틸리히는 "사랑의 첫째 의무는 듣는 것"이라고 말했다. 사랑한다는 것은 듣는 것이다. 들음은 관심에서 시작된다. 사랑하는 대상에 관심을 가질 때, 귀를 기울이게 된다. 귀 기울여 들을 때, 사랑하는 대상을 알게 된다. 사랑하는 대상의 마음을 알게 되고, 그의 언어를 알게 된다. 사랑한다는 것은 사랑하는 대상의 사랑의 언어를 배우고, 그 언어를 따라 소통하는 것이다. 게리 채프먼이 쓴 《5가지 사랑의 언어》에 보면, 사람마다 사랑의 언어가 다르다. 우리는 경청을 통해 서로의 언어를 배우고 익혀야 한다.

리더는 경청을 통해 사람을 얻는다. 리더에게 가장 중요한 것은 사람을 얻는 것이다(고전 9:19). 사람을 얻기 위해서는 사람의 마음을 얻어야 한다. 리더는 사람들이 누구에게 마음을 여는지를 알아야 한다. 사람들은 잘 들어주는 사람에게 마음을 연다. 들음은 얻음이다. 들을 때, 하나님의 마음을 얻고 사람들의 마음을 얻게 된다. 왜 들을 때 사람들의 마음을 얻게 되는 것일까? 사람들은 자기 말을 잘 들어주는 사람에게서 사랑을 느끼기 때문이다. 잘 듣는다는 것은 존중한다는 뜻이다. 사람들은 자기를 사랑해 주고, 존귀하게 여겨 주는 리더 곁에 머물고 싶어 하며 그를 따르고 싶어 한다.

경청은 쉬운 일이 아니다. 경청하기 위해서는 상대방에 집중해야 한다. 집중하기 위해서는 내 생각이나 내 의견을 내려놓아야 한다. 내가 하고 싶은 말을 내려놓아야 한다. 상대방의 언어나 생각을 함부로 판단하지 않아야 한다. 성급하게 조언하거나 충고하려는 마음을 내려놓아야 한다. 그래야 상대방에게 온전히 집중할 수 있고, 그의 말을 경청할 수 있게 된다.

리더는 경청을 통해 지혜를 얻는다. 지혜는 들음을 통해 임한다. 예수님이 12살 때에 성전에서 "선생들 중에 앉으사 그들에게 듣기도 하시며 묻기도"(눅 2:46) 하셨다. 그 결과, 듣는 자가 예수님의 지혜와 대답을 경이로워했다(눅 2:47). 말을 많이 하면, 어리석게 된다. 말을 줄이고 침묵하면, 지혜롭게 된다. 침묵 중에 나오는 말은 지혜가 된다. 깊은 지혜는 단순하고, 담백하다. 깊은 지혜는 복잡하지 않다. 깊은 지혜는 짧으면서도 핵심을 간파하는 깊은 통찰을 담고 있다.

리더가 경청을 잘하기 위해서는 내면의 고요함을 늘 가꾸어야 한다. 마음이 고요하지 않으면, 잘 들을 수가 없다. 잘 듣기 위해서는 마음이 고요해야 한다. 그때 상대방의 말을 고요한 마음에 담게 된다. 고요한 마음을 통해 상대방의 아픔을 듣게 되고, 상대방을 위로할 언어를 깨닫게 된다. 사무엘이 제일 먼저 배운 것은 듣는 것이었다. 그는 들음을 통해 영적 리더가 되었다.

◇
리더는 배신의 아픔을
이기는 사람이다

리더는 배신당하는 사람이다. 배신의 아픔은 혹독한 아픔이다. 리더는 배신을 당할 때 고독하다. 배신은 멀리 있는 사람이 아닌 가장 가까운 사람에게서 경험하는 아픔이다. 배신의 아픔을 경험한 다윗은 그의 시에서 다음과 같이 기록했다.

"나를 책망하는 자는 원수가 아니라 원수일진대 내가 참았으리라 나를 대하여 자기를 높이는 자는 나를 미워하는 자가 아니라 미워하는 자일진대 내가 그를 피하여 숨었으리라 그는 곧 너로다 나의 동료, 나의 친구요 나의 가까운 친우로다 우리가 같이 재미있게 의논

하며 무리와 함께하여 하나님의 집 안에서 다녔도다"
(시 55:12-14).

다윗을 배신한 사람은 그의 동료이자 친구요 가장 가
까운 사람이었다.

◇◇◇

배신은 아픈 것이다. 배신은 우리 가슴을 후비는 칼
과도 같다. 배신 때문에 받는 상처는 깊다. 그래서 배신
의 아픔은 오래 남는다. 쉽게 떨쳐버리기 어렵다. 배신
을 당하면, 두 손이 풀리는 경험을 하게 된다. 사람에 대
한 신뢰가 한순간에 무너지는 경험이다. 배신의 아픔은
사람에 대한 불신을 낳는다. 배신의 아픔은 가까이 있
는 사람들을 경계하게 만든다. 배신의 아픔은 사람들과
의 관계에서 벽을 쌓게 만든다. 배신의 아픔이 치유되
지 않으면, 불신의 늪에 빠지게 된다. 사람들을 사랑해
주어도 소용이 없다는 냉소주의자가 되기 쉽다. 배신의
상처는 치유되어야 한다. 배신의 상처가 사명의 한 부
분임을 알아야 한다.

요셉이 당한 배신은 그가 충성스럽게 섬겼던 그의
주인 보디발을 통해 찾아왔다. 성경을 깊이 읽어 보면,
보디발도 요셉이 그 아내의 유혹을 물리친 것을 알았

던 것이 분명하다. 하지만 그는 요셉을 감옥에 가두었다. 보디발이 요셉을 신뢰했다는 것은 그에게 감옥에 갇힌 "술 맡은 관원장과 떡 굽는 관원장"을 맡긴 것을 보면 알 수 있다(창 40:4). 요셉은 술 맡은 관원장의 꿈을 해석해 준 후에 그에게 그가 복직하면 자기를 건져 달라고 부탁했다(창 40:14). 하지만 술 맡은 관원장은 복직 후에 그의 부탁을 잊었다(창 40:23). 요셉은 배신감을 느꼈을 것이다.

배신은 리더가 마셔야 할 쓴잔이다. 예수님이 십자가를 향해 나아가시는 중에 마신 쓴잔은 배신의 쓴잔이었다. 예수님의 제자였던 가룟 유다가 예수님을 "은 삼십"에 팔았다(마 26:15). 그는 하나님의 아들이신 예수님의 가치를 '은 삼십'으로 만들었다. 가룟 유다는 예수님을 넘길 때, 예수님에게 입을 맞추었다(마 26:49). 가룟 유다만 예수님을 배신한 것이 아니다. 예수님의 수제자 베드로도 예수님을 세 번 부인했다. 마지막에는 예수님 면전에서 예수님을 부인했다(눅 22:60-61). 저주까지 하면서 부인했다(마 26:74). 스승을 부인하는 베드로를 바라보셨던 예수님의 눈길은 어떤 눈길이었을까? 베드로만 예수님을 부인한 것이 아니라 모든 제자가 예수님을 버리고 도망갔다(막 14:50).

◇◇◇

사도 바울도 배신을 경험했다. 그의 생애 마지막에 영의 아들 디모데에게 쓴 서신에서 그가 느낀 배신의 아픔을 볼 수 있다.

"아시아에 있는 모든 사람이 나를 버린 이 일을 네가 아나니 그중에는 부겔로와 허모게네도 있느니라"(딤후 1:15).

"내가 처음 변명할 때에 나와 함께한 자가 하나도 없고 다 나를 버렸으나 그들에게 허물을 돌리지 않기를 원하노라"(딤후 4:16).

바울의 고백에서 우리는 그의 외로움을 느낀다. 왜 영의 아들 디모데에게 자신이 당한 배신을 기록하여 보냈을까? 그것은 제자가 걸어가는 길에는 반드시 배신이 있음을 가르치기 위해서다. 배신을 경험할 때, 너무 놀라지 말라. 예수님도 배신을 당하셨다. 배신을 당했다고 해서 모든 사람을 불신하지 않도록 하라. 리더의 사명은 배신의 아픔에도 끝까지 완수해야 한다.

◇

리더는 잘 기다리는 사람이다

리더는 기다리는 사람이다. 리더는 고독 중에 기다린다. 기다림이 길어질수록 리더의 고독은 깊어진다. 리더는 하나님의 뜻을 분별하기 위해 기다리는 사람이다. 하나님의 때를 분별하기 위해 기다린다. 하나님의 뜻만 분별해서는 안 된다. 하나님의 때도 분별해야 한다. 하나님의 뜻을 분별한 후에 하나님의 때를 분별하지 못함으로써 일을 그르치는 리더를 종종 본다. 리더십의 핵심은 타이밍이다. 리더는 성급해서는 안 된다. 또한 게을러서도 안 된다. 프란츠 카프카는 "모든 죄악의 근원은 성급함과 게으름"이라고 말했다.

리더의 실패는 기다리지 못하는 데 있다. 기다리지 못하면, 무리수를 두게 된다. 조급하면 눈이 어두워진다. 총명이 흐려진다. 하나님이 리더에게 가르치는 소중한 교훈은 기다림 속에 담겨 있다. 아담의 문제는 기다리는 과정 없이 바로 어른이 되었다는 것이다. 그런 까닭에 마지막 아담이신 예수님은 어린아이로 태어나셨다. 예수님은 성장하는 모든 과정을 거치셨다. 사울 왕은 기다리는 과정 없이 곧바로 왕이 되었다. 실패작이었다. 반면에 다윗은 혹독한 기다림의 과정을 거쳐 왕이 되었다. 성공작이었다.

하나님이 요셉에게 주신 꿈은 큰 꿈이었다. 하나님은 요셉에게 주신 꿈을 하루아침에 이루어 주시지 않았다. 작은 꿈은 쉽게 성취된다. 큰 꿈은 오랜 시간을 거쳐 성취된다. 하나님은 요셉의 꿈을 성취하기 위해 13년 동안 기다리게 하셨다. 조금 더 엄밀하게 살펴보면, 요셉이 그의 형제들과 아버님을 만난 것은 그들과 이별한 지 20년이 지난 후였다. 요셉은 서두르지 않았다. 기다리는 동안 요셉은 탁월한 리더로 성장했다. 만민의 생명을 구원할 만큼 무르익었다.

엘리야도 기다리는 선지자였다. 갈멜산에서 850명의 아세라와 바알 선지자들과 영적 전투를 벌이기 전에, 그는 3년 6개월을 기다렸다. 그가 사르밧 과부의 집

다락에 숨어 3년 6개월을 기다리는 동안, 하나님은 하늘의 불과 비를 준비하셨다. 리더로서 가장 오래 기다린 사람은 모세다. 모세는 애굽으로 돌아가기까지 광야에서 40년을 기다렸고, 가나안에 들어가기까지 광야에서 40년을 더 기다렸다.

◇◇◇

기다림은 낭비가 아니다. 기다리는 동안에 놀라운 일들이 전개되는 것을 본다. 아이가 엄마의 자궁에 잉태되면, 엄마는 기다린다. 기다리는 동안 아이는 어두운 자궁 속에서 자란다. 기다림은 자람이다. 씨앗을 심으면, 어두운 땅속에서 씨앗이 자란다. 보이지 않지만, 땅속에서 놀라운 일들이 전개된다. 씨앗은 어두움 속에 뿌리를 내린다. 기다림의 시간이 지나면, 씨앗이 싹을 틔우고 꽃을 피우고 열매를 맺는다. 씨앗을 심고 하룻밤 사이에 꽃이 피거나 열매를 맺을 수는 없다. 큰 나무는 땅에서 보통 5년 동안 뿌리를 내린다고 한다. 나무는 긴 뿌리 내림의 과정을 통해 크게 자랄 준비를 한다.

기다림은 수동태처럼 보이지만, 사실은 능동태다. 우리가 기다리는 동안 하나님은 열심히 일하신다. 요셉이 보디발의 집에서, 감옥에서 기다리는 동안 하나님은 요셉을 위해 열심히 준비하셨다. 요셉이 기다리는 동안 바로의 꿈을 준비하셨고, 7년의 풍년과 7년의 흉년을 준비하셨다. 많은 백성의 생명을 살릴 수 있는 무대를 준비하셨다.

기다리면 역사의 흐름이 보인다. 요셉은 역사의 흐름을 파악할 줄 아는 리더였다. 리더는 하나님이 일으켜 주시는 파도의 흐름을 본다. 리더는 파도를 만드는 사람이 아니다. 파도가 오기를 기다렸다가 그 파도를 타는 사람이다. 파도 타는 법을 배우는 데는 오랜 시간이 걸린다. 기다림은 외로운 일이다. 하지만 리더는 기다림을 통해 성장한다. 사울 왕처럼 기다림의 과정을 거치지 않은 리더는 성공을 잠시 맛볼 수 있지만, 그것을 지키지는 못한다. 반면에 기다림의 과정을 잘 통과한 리더는 성공을 넘어 섬김의 열매를 맺는다.

◆

리더는 조용히 성장하는 사람이다

리더가 성장하는 과정 중에 거쳐야 할 것이 고립이다. 고립은 고독을 낳는다. 로버트 클린턴 교수는 그의 책 《영적 지도자 만들기》에서 고립은 리더가 거쳐야 할 소중한 과정이라고 말한다. 그는 "고립의 기간이 하나님께서 일하심을 기억하는 기간이며, 하나님과 더 깊은 관계를 갖고 체험하는 계기가 된다"고 말한다.

그는 인도 선교사 에이미 카마이클의 고립에 관해 언급한다. 1895년, 에이미 카마이클은 영국 성공회 제나나 선교회의 선교사로 인도의 벵갈루루에 도착했다. 1931년, 에이미는 다리와 발목이 부러지는 사고를 당하여 대부분 방에 갇혀 지냈다. 그 고립 기간이 그녀에게 고요한 성소를 제공해 주었다. 많은 시간을 기도하는 데 보냈고, 또 여러 책을 썼다. 그녀는 고립의 기간을 낭비하지 않았다. 1948년, 그녀에게 찾아온 두 번째 사고는 그녀를 방 안 침대에 묶어 놓았다. 이후 20년은 거의 고립의 연속이었다. 하나님은 그동안 그녀로 하여금 글과 편지를 통해 고통 중에 있는 수많은 사람을 위로하고 격려하게 하셨다(로버트 클린턴, 《영적 지도자 만들기》, 베다니, 171쪽).

◇◇◇

고립 중에 위대한 작품을 남긴 사람으로 존 번연을 꼽을 수 있다. 존 번연은 복음을 전했다는 이유로 12년 동안 감옥 생활을 했다. 하지만 그는 감옥에서 불후의 명작인 《천로역정》을 남겼다. 그는 고립의 때에 원망하지 않았다. 오히려 고립의 때에 하나님의 충만한 은혜를 경험했다. 그는 고립의 때를 다음과 같이 회고한다.

"사실, 나는 그때처럼 하나님의 말씀에 깊이 심취한 적이 없었다. 전에는 별 의미 없어 보이던 말씀들이 생생하게 다가왔다. 말씀 속에서 만나는 주님과의 깊은 교제는 그 어떤 두려움과 불안도 물리치게 했고, 나를 확신 가운데 거하게 했다. … 감옥살이는 고통스러웠지만, 나는 고통 속에서도 하나님의 은혜의 깊이를 세심하게 느낄 수 있었다. 그런 은혜로 나는 감옥 생활 내내 세상 그 어떤 자유와 기쁨과도 비교할 수 없는 잔잔한 평안과 기쁨을 느낄 수 있었다"(이동원,《이동원 목사와 함께 걷는 천로역정》, 두란노, 39-40쪽, 재인용).

존 번연이 고립의 때에 쓴《천로역정》에 관해 조지 횟필드는 이렇게 말했다.

"이 책에서는 감옥 냄새가 난다. 이 책은 저자가 베드퍼드 감옥에 갇혀 있을 때 쓰였다. 사역자들은 십자가 아래서 고난받을 때 가장 훌륭한 글과 훌륭한 설교를 남긴다. 그때 그리스도의 영, 영광의 영이 그들 위에 임한다"(존 파이퍼,《고난의 영웅들》, 부흥과개혁사, 73쪽, 재인용).

허드슨 테일러 선교사는 병약한 몸으로 18개월 동안 침대 위에 누워 있는 고립 상태를 경험한 적이 있다. 당시 그는 아무것도 할 수 없는 수동태의 존재가 되었다. 그런데 그는 바로 그 고립의 때에 수동태의 상황을 통해서 하나님의 놀라운 은혜를 경험했다. 그는 잠잠히 하나님만 바라보았다. 그가 잠잠히 하나님만 바라보는 동안, 하나님은 그와 함께 동역할 수 있는 헌신된 선교사들을 준비시켜 주셨다. 바로 그 시기에 중국내지선교회가 세워졌다. 그가 건강했다면, 결코 이룰 수 없었을 일들을 하나님이 전개시켜 주신 것이다.

◇◇◇

나는 1997년에 스스로 고립하는 시간을 가졌다. 모든 외부 활동을 중단하고, 그동안 숙고했던 영성에 관한 글을 한 페이지씩 썼다. 3개월 정도의 고립 기간에 쓴 글이 《뿌리 깊은 영성》이란 이름으로 출판되었다. 스스로 고립의 시간을 갖지 않았다면, 그 책은 출판될 수 없었을 것이다. 리더는 고립의 시간을 낭비하지 않아야 한다. 고립은 다양한 방법으로 찾아올 수 있다. 그때 고립 속에 하나님의 섭리가 있음을 믿어야 한다. 고립 중에 조용히 성장하는 시간을 가져야 한다. 고립이 찾아오면, 긍정적으로 반응하라. 사건보다 중요한 것은 사건에 대한 반응이다.

리더는 격리의 시간을
낭비하지 않는 사람이다

코로나 바이러스가 전 세계를 강타하면서 우리가 접하게 된 단어가 '격리'다. 2주 동안의 자가 격리는 누구나 아는 말이 되었다. 격리는 단절의 느낌을 갖게 한다. 단절의 느낌은 두려움을 낳는다. 가장 가까운 사람들과 접촉할 수 없다는 것은 두려운 일이다. 격리는 깊은 고독을 낳는다. 하나님이 쓰신 리더들은 한결같이 격리를 경험했다.

요셉은 혹독한 격리를 경험한 사람이다. 17세 나이에 형제들에 의해 "은 이십"에 팔렸다. 그는 순식간에 아버지 야곱과 그의 어머니 라헬이 낳아 준 베냐민과 이별하게 되었다. 그는 상상을 초월한 격리의 고통을 경험했다. 그는 애굽 보디발의 집으로 팔려 감으로써 아버지와 형제들과 격리되었다. 그는 하루아침에 아버지의 사랑받는 아들에서 보디발의 종이 되었다. 보디발의 집에 갇힌 노예가 되었다. 하나님은 왜 요셉을 그의 형제들과 격리시키셨을까? 요셉이 그의 형제들과 함께하면, 하나님이 그에게 주신 꿈을 이룰 수 없을 것이기 때문이다. 하나님은 요셉의 꿈을 이루시기 위해 그를 그의 형제들로부터 격리시키셨다.

요셉은 격리를 통해 애굽의 문화와 언어를 배우고 익혔으며, 특히 보디발의 집에서 애굽의 정치를 배웠다. 보디발은 바로 왕의 친위대장이었다. 그의 집에는 정치범을 수용하는 감옥이 있었다. 요셉은 격리를 통해 이전에 한 번도 경험해 보지 못했던 가정 총무의 직무를 감당했다. 격리는 힘든 일이지만, 하나님의 섭리의 은총 아래서 보면 축복이다. 요셉은 형제들과 격리됨으로써 새로운 만남을 가졌고, 낯선 만남을 통해 주시는 하나님의 은혜를 경험했다. 그리고 때가 되자 하나님이 요셉을 보디발과 그의 아내로부터 격리시켜 주셨다. 만약 그때 그를 격리시키지 않았다면, 그는 보디발의 아내의 희생양이 될 수 있었다.

요셉이 보디발과 그의 아내로부터 격리되어 들어간

곳이 감옥이다. 그는 감옥에서 좋은 간수장을 만나 은총을 입었다. 그곳에서 새로운 만남을 가졌다. 특별히 술 맡은 관원장과의 만남은 나중에 애굽의 총리가 되는 소중한 만남으로 이어진다. 하나님은 격리를 통해 요셉을 그 당시 전 세계를 움직이는 리더로 세우셨다.

◇◇◇

종교개혁자 마르틴 루터는 1521년 5월에 프리드리히 3세의 작전에 따라 아이제나흐의 바르트부르크성으로 보내졌다. 그 성은 규모가 아주 컸고, 산꼭대기에 있었다. 루터를 격리시키기에 좋은 장소였다. 루터는 바르트부르크성에서 아주 힘든 시간을 보냈다. 그는 외로웠으며 아팠다. 하지만 격리되었던 14개월 동안, 그는 놀라운 업적을 이루었다. 11주간 집중해서 헬라어 신약성경을 독일어로 번역한 것이다. 이 작업은 종교개혁의 불씨가 되었다. 그가 번역한 것을 멜란히톤이 편집했고, 1522년 9월에 출판했다(우병훈,《처음 만나는 루터》, IVP, 123-124쪽 참조). 루터는 격리의 시간을 낭비하지 않았다. 하나님은 고난을 낭비하지 않고 고난의 시간에 아름다운 작품을 만들 줄 아는 리더를 귀히 여기신다.

사도 바울은 그의 생애 마지막에 로마 감옥에 격리되

었다. 로마 감옥은 차가웠다. 하지만 그는 옥중에서 사랑하는 성도들에게 보내는 편지를 썼다. 에베소서, 빌립보서, 골로새서, 그리고 빌레몬서가 그가 남긴 거룩한 작품이다. 그 작품이 성경이 되었다. 그가 격리되었던 감옥은 천상의 계시가 임하는 장소가 되었다. 그의 고독은 하나님 앞에서 계시를 받는 시간이었다. 사람은 어디에 있느냐보다 누구와 함께 있느냐, 또 무엇을 하느냐가 더 중요하다. 바울은 옥중에서 하나님과 함께했고, 하나님이 주시는 계시의 말씀을 받아 기록했다. 리더의 격리는 아름다운 작품이 탄생하는 시간이다. 하나님은 격리를 통해 일하신다.

리더는 분노를
잘 다스리는 사람이다

　　리더는 분노를 잘 다스려야 한다. 리더를 분노
케 하는 사람들은 어디에나 있다. 리더가 분노를 잘 다
스리지 못하면, 큰 화(禍)를 자초할 수 있다. 분노(忿怒)
는 성낼 분(忿)에 성낼 노(怒)로 이루어진 한자다. 두 글
자에는 모두 마음 심(心)이 담겨 있다. 분노는 성을 내
는 마음이다. 분노의 뿌리가 마음에 있다는 것을 보여
주는 단어다.
　　리더는 정의를 실현하는 사람이다. 그런 까닭에 불의
를 보면 분노한다. 리더는 사람을 키우는 사람이다. 그
런 까닭에 자신이 키우는 사람들이 변화되지 않을 때

분노한다. 리더는 강력한 욕구를 가진 사람이다. 그런 까닭에 자신의 기대에 따라 일이 전개되지 않을 때 분노한다. 분노가 모두 나쁜 것은 아니다. 분노 가운데 의분(義憤)이 있다. 의분은 불의한 것을 볼 때 느끼는 감정이다. 의분은 엄청난 에너지를 만들어 낸다. 그 에너지가 잘 조절되어 사용될 때 불의한 것을 바로잡는 힘이 될 수 있다. 예수님의 의분은 성전을 청결케 했다. 마르틴 루터의 의분은 종교개혁을 일으켰다. 에이브러햄 링컨의 의분은 노예를 해방시켰다. 하지만 의분이라 할지라도 잘 조절되고 통제되지 않으면 폭력이 될 수 있다. 의분으로 시작했다가 폭력으로 끝나는 일들이 얼마나 많은가!

◇◇◇

우리에게 문제가 되는 것은 의분이 아니다. '화'를 내는 것이다. 화를 낸다고 할 때, 화는 말 그대로 불 화(火)다. 화는 불과 같아서 잘 다스리지 않으면 큰일 난다. 화가 나는 것은 인간이기에 어쩔 수 없다. 살아 있는 동안 화라는 감정과 더불어 살아야 한다. 그런 까닭에 화를 잘 다스리는 법을 배워야 한다. 화는 폭발시켜야 할 감정이 아니라 다스려야 할 감정이다. 화는 어린아이처럼 달래야 할 감정이다.

성경은 우리에게 "노하지 말라"고 권면하기보다는 "노하기를 더디 하라"고 권면한다.

"노하기를 더디 하는 자는 용사보다 낫고 자기의 마음을 다스리는 자는 성을 빼앗는 자보다 나으니라" (잠 16:32).

노를 다스리는 것은 자기 마음을 다스리는 것이다. 곧 자기 자신을 다스리는 것이다. 사도 바울도 잠언 말씀과 비슷하게 권면한다. 그는 "분을 내어도 죄를 짓지 말며 해가 지도록 분을 품지 말고 마귀에게 틈을 주지 말라"(엡 4:26-27)고 부탁한다.

◇◇◇

어느 날, 깊은 묵상 중에 목회자인 내 안에 분노가 숨어 있는 것을 발견했다. 숨은 분노는 더욱 경계해야 한다. 그 이유는 언제 폭발할지 모르기 때문이다. 마음에 숨은 분노를 쌓으면, 어느 순간 무서운 괴물이 되어 파괴적인 결과를 초래한다.

분노를 잘 다스리는 길은 분노가 마음에서 일어날 때, 그 원인을 분별하는 것이다. 분노의 원인을 깨달으면, 분노를 잘 다스릴 수 있게 된다. 대부분의 분노는 잘못된 기대에서 기인한다. 우리는 자기가 원하는 일이 원하는 때에 일어나지 않을 때 분노한다. 사람들이 원하는 대로 움직여 주지 않을 때 분노한다. 분노 관리는 곧 기대 관리다. 화를 잘 다스리는 길은 기대를 낮추는 것이다. 모든 것이 내가 원하는 대로 되어야 한다는 고집을 내려놓는 것이다.

분노를 잘 다스리는 길은 분노케 만드는 자극에 쉽게 반응하지 않는 것이다. 침묵과 기도와 말씀 묵상으로 분노를 다스려야 한다. 잠시 멈추어 어떻게 반응해야 가장 좋은 결과를 가져올지를 생각하는 것이다. 리더는 인생과 사람에 대해 적절한 기대를 가져야 한다. 지나친 기대와 부적절한 기대는 분노를 낳는다. 분노를 잘 다스림으로써 공동체를 잘 섬기는 리더가 되자.

◊

리더는 저항을 통해
진보를 이루는 사람이다

저항하는 리더는 고독하다. 저항이란 어떤 압력이나 힘에 굴하지 않고, 맞서서 버티는 것이다. 미국의 민권 운동에 불을 붙인 중요한 사건이 한 버스 안에서 일어났다. 1955년 12월 1일, 재단사 보조로 일하던 로자 파크스라는 42세 여성이 버스를 타고 가던 중이었다. 중간 정류소에서 백인 남성이 승차하자 운전기사는 파크스에게 자리를 양보하도록 명령했다. 그러나 그녀는 거절했다. 파크스는 그 당시 규정에 위배된다는 것을 알면서도 운전기사의 명령을 따르지 않고 저항했다. 운전기사는 버스를 세워 경찰을 불렀고, 그녀는 결국 체포되었다(도널드 T. 필립스, 《마틴 루터 킹의 리더십》, 시아 출판사, 45쪽).

로자 파크스의 저항은 마틴 루터 킹의 인권 운동으로 연결되었다. 모든 저항이 다 그런 것은 아니지만, 어떤 저항은 거대한 영향력을 낳는다. 마틴 루터 킹은 로자 파크스의 저항을 기점으로 비폭력 저항 운동을 전개했다.

그것은 고독한 일이었다. 저항한다는 것은 흐름을 거스르는 일이다. 흐름을 타는 것이 모두 나쁜 것은 아니다. 리더는 적합할 때는 흐름을 탈 줄 알아야 한다. 적합성 자체는 문제가 없다. 어떤 적합성인가가 문제다. 오스 기니스는 "진정으로 적합성은 예수 복음의 중심에 있으며 역사를 관통하여 흐르는 교회 능력의 비밀이다"라고 말했다(오스 기니스, 《선지자적 반시대성》, 이레서원, 19쪽). 하지만 복음을 떠난 적합성이나 정의를 무시하는 적합성에는 저항할 줄 알아야 한다.

◇◇◇

적합한 저항은 새 역사를 창조한다. 월터 브루그만은 안식일을 '바로 체제와 바로 시스템의 저항'으로 보았다. 바로는 히브리 노예들에게 안식과 교육을 제공하지 않았다. 그는 더 큰 창고를 만들어 더 빨리 더 많이 생산하고 축적하길 원했다. 그는 만족을 모르는 무한 생산 시스템으로 히브리 민족을 괴롭혔다. 모세는 바로에 저항함으로써 새로운 대안 공동체를 세웠다. 브루그만은 "안식일은 저항만이 아니다. 안식일은 대안이다"라고 말한다(월터 브루그만, 《안식일은 저항이다》, 복있는사람, 17쪽). 모세는 출애굽을 통해 히브리 노예들에게 안식과 교육을 제공하는 대안 공동체를 세웠다. 그럼으로써 새 역사를 창조했다. C. S. 루이스는 "진보는 저항하는 요소에 의해 이루어진다"고 말했다. 저항 없이는 진보도 없다.

저항하는 리더가 되기 위해서는 그의 눈길이 항상 유일한 청중이신 하나님 한 분에게 머물러야 한다. 마리 뒤랑은 신앙과 양심의 자유를 위해 저항했다. 그 대가로 38년 동안 감옥에서 살았다. 그녀는 감옥에서 함께 생활하던 동료들을 돌보고 그들을 이끈 리더였다. 그녀를 상징하는 단어는 "저항하라"였다. 그녀가 감옥에 갇힌 이유는 개신교 신앙을 가졌다는 것이었다(이태형, '저항하라', 〈행복으로의 초대〉[2021년 7월 18일], 1쪽). 그녀는 그의 신앙을 위해 감옥에서 유일한 청중이신 하나님만 바라보며 38년을 견디어 냈다.

예수님은 저항하는 리더의 모범이시다. 예수님은 눈에 보이는 성전 시스템과 율법에 저항하셨다. 물론 예수님이 성전과 율법의 중요성을 부인하신 것은 아니다. 예수님은 성전을 그리스도의 몸 된 교회로, 율법을 넘어서 복음이 세워지길 원하셨다. 그 당시 그것은 대단히 거대한 혁명이요 아름다운 진보였다. 예수님의 저항에 기득권층은 거세게 반대했다. 결국, 유대인들은 예수님을 십자가에 못 박았다.

스데반도 성전과 율법에 저항했다는 이유로 돌에 맞아 순교했다(행 6-7장). 스데반의 저항과 순교는 복음이 온 세상에 뻗어 나가는 기폭제가 되었다. 저항은 목숨을 내거는 일이기에 어려운 일이다. 그래서 저항하는 리더는 고독하다. 하지만 그 결과는 역사가 증거해 준다. 성스러운 저항은 역사 속에서 거룩한 진보를 이루었다.

◈
리더는 신중히
결정하는 사람이다

리더는 결정하는 사람이다. 리더가 내려야 하는 결정을 어느 누구도 대신해 줄 수 없다. 리더는 많은 일을 위임할 수 있지만, 결정하는 일만큼은 위임할 수 없다. 리더는 결정하고, 책임을 지는 사람이다. 때로는 하루에도 수많은 결정을 해야 한다. 어떤 결정은 큰 파장을 일으킨다. 어떤 결정의 영향력은 상상을 초월한다. 잘못된 결정은 공동체를 힘들게 만든다. 반면에 올바른 결정과 좋은 결정은 공동체를 건강하게 세운다.

어떤 결정은 여러 사람과 상의한 후에 내릴 수 있다. 하지만 어떤 결정은 오로지 리더가 홀로 숙고한 다음에 내려야 한다. 또한 결정한 일에 따르는 결과를 홀로 감당해야 한다. 그때 리더는 격한 외로움을 느낀다. 리더가 홀로 중요한 결정을 내리는 이유는 그가 선구자인 까닭이다. 리더는 홀로 새로운 길을 개척해 나가는 사람이다. 선구자의 길은 외롭다.

◇◇◇

성경에서 우리는 홀로 외로운 선택과 결정을 한 사람들을 만난다. 노아를 생각해 보라. 비를 본 적이 없는 사람이 하나님의 말씀에 순종해서 큰 방주를 지어 홍수 심판을 대비했다. 방주를 제작하는 일은 홀로 해내야 하는 일이었다. 그것도 짧은 기간이 아니었다. 100여 년이란 세월 동안 방주를 제작하며 하나님의 때를 기다렸다. 사람들의 조롱과 비웃음을 견디면서 그 일을 계속했다.

아브라함을 생각해 보라. 그가 갈대아 우르를 떠날 때, 하나님은 그에게 그의 "고향과 친척과 아버지의 집을"(창 12:1) 떠나라고 명하셨다. 아브라함은 외로운 선택과 결정을 했다. 그 결정이 그를 믿음의 조상으로 만들었다. 그 결정으로 그는 구원 드라마의 주인공이 되었다. 그보다 더 어려운 결정을 내린 적도 있었다. 바로 하나님이 이삭을 바치라고 명하셨을 때의 결정이다. 그것은 자신을 하나님께 내어 드리는 것보다 더 어려운 일이었다. 하지만 그는 하나님을 경외하는 가운데 순종했고, 하나님은 그의 결정에 큰 복을 내려 주셨다 (창 22:16-17).

기생 라합을 생각해 보라. 그녀가 정탐꾼을 숨겨 주기로 한 결정은 곧 자기 민족과 나라를 파는 일이었다. 그것은 실로 엄청난 결정이었다. 우리는 그 선택의 결과를 이미 알고 있기에 그녀가 선택하는 과정에서 겪었던 심적인 고통을 간과하는 경향이 있다. 라합은 정말 큰 고민을 했을 것이다. 하지만 그녀는 하나님을 알았고, 하나님을 두려워했다(수 2:9-11). 그런 까닭에 홀로 중요한 결정을 내릴 수 있었다. 그 결정 덕분에 그녀와 그녀의 가족 모두가 구원을 받았다. 심지어 예수님이 그녀의 후손으로 태어나셨으니 그녀의 이름은 예수님의 족보에 들어가게 되었다(마 1:5).

◇◇◇

리더는 중요한 결정을 할 때 신중해야 한다. 때로는 신중하면서도 신속해야 한다. 그 이유는 탁월한 결정을 통해 소중한 기회를 포착할 수 있기 때문이다. 중요한 결정을 할 때, 가능한 모든 지식과 정보를 모아야 한다. 그리고 모은 지식과 정보를 비교하고 선별하여 분석해야 한다. 본인의 결정 후에 전개될 사건들과 문제들을 예측할 수 있어야 한다. 어떤 결정은 피할 수가 없다. 그러므로 리더는 자신의 가치관, 신앙관, 삶의 원리와 철학 등을 총동원하여 결정해야 한다. 외롭게 결정하는 만큼 용기가 필요하다. 모든 결정을 잘할 수는 없다. 잘못된 결정을 할 수도 있다. 그때 낙심하지 말아야 한다. 탁월한 결정은 잘못된 결정을 통해 배운 것을 잘 적용함으로써 맺는 열매다.

예수님은 십자가의 길을 홀로 외롭게 결정하셨다. 베드로는 주님의 십자가 길을 막으려고 했다(마 16:22). 가장 가까이에 있는 제자들이 예수님의 선택과 결정을 이해하지 못했다. 예수님은 사람들을 기쁘게 하기 위해서가 아니라 하나님을 기쁘시게 하기 위해 결정하셨다. 예수님의 외로운 결정이 전 인류를 복되게 했다. 리더는 아무도 이해하지 못하는 결정을 해야 하는 사람이다. 그래서 하나님의 은혜와 지혜를 늘 구해야 한다.

리더는 어둠을 통해서도
배우는 사람이다

리더가 경험하는 고독 중의 하나는 하나님의
부재 경험이다. 그것을 십자가의 성 요한은 "영혼의 어
두운 밤"이라고 말했다. 나는 1989년 로고스교회를 개
척한 후에 극심한 영적 침체를 경험했다. 영적 침체를
통과하는 동안, 내가 겪은 가장 큰 고통은 하나님이 믿
어지지 않는다는 것이었다. 의식적으로는 하나님의 존
재를 믿고, 하나님의 살아계심을 설교했다. 하지만 하나
님의 임재를 감정적으로 느끼지는 못했다. 설교자에게
하나님의 부재 경험과 하나님에 대한 불신처럼 고통스
러운 것은 없다. 그것은 극렬한 고독이다.

나는 영혼의 어두운 밤을 통과하면서 깊은 우울에 빠져들었다. 삶의 의욕을 상실했다. 마음은 불안했고, 두려움은 엄습했다. 목회자로서의 나의 정체성이 흔들렸다. 염려는 거센 폭풍우처럼 밀려왔다. 누구도 도와줄 수 없는 고통이 나를 괴롭혔다. 육체의 고통과는 비교할 수 없는 마음의 고통이 있다는 것을 그때 처음 경험했다.

◇◇◇

당시 나는 수많은 책을 읽었다. 왜 목회자에게 침체가 찾아오는지, 영혼의 어두운 밤은 무엇인지를 질문하면서 책을 읽었다. 책이 좋아서 읽은 것이 아니었다. 내침체의 문제에 대한 해답을 찾기 위해 읽었다. 성경과 함께 많은 책을 읽으면서 영적 침체에 관해 눈이 열리기 시작했다. 영혼의 어두운 밤을 통과하는 중에도 하나님이 함께하신다는 사실을 깨달았다. 하나님은 빛을 통해서만 일하시는 것이 아니라 어두움을 통해서도 일하신다는 것을 깨달았다. 빛 가운데서는 절대 배우지 못했을 것들을 어둠을 통해 배웠다. 바바라 브라운 테일러의 고백이 곧 나의 고백이 되었다.

"오히려 나는 빛 가운데서는 절대 배우지 못했을 것

들을 어둠에서 배웠다. 번번이 내 인생을 살리는 교훈을 어둠에서 배웠다. 그러니 결론은 하나다. 나에게는 빛만큼이나 어둠이 필요했다"(바바라 브라운 테일러, 《어둠 속을 걷는 법》, 포이에마, 14쪽).

마더 테레사는 영혼의 어두운 밤을 통과하면서 신비로운 글을 남겼다.

"제 영혼이 얼마나 어둡고 고통스러우며 공포에 떨고 있는지 말로 표현할 수가 없습니다. 하느님을 거부하는 듯하면서도 제가 가장 견디기 어려운 것은 하느님을 열망한다는 사실입니다"(폴 머리, 《어둠의 광채: 마더 데레사의 신앙의 비밀》, 성바오로서원, 35쪽 재인용).

그리고 영혼의 어두운 밤을 통과하면서 어둠을 사랑하는 법을 터득했다고 말한다.

"나는 어둠을 사랑하게 되었습니다. 이제 나는 이 어둠이 예수님이 이 땅에서 겪으신 어둠과 고통의 아주 작은 부분임을 믿습니다."

◇◇◇

영혼의 어두운 밤이 영원히 계속되는 것은 아니다. 밤이 지나면 아침이 찾아오는 것처럼 영혼의 어두운 밤 또한 지나간다. 영혼의 어두운 밤에 우리가 할 일은 하나님을 신뢰하며 기다리는 것이다. 프랜시스 드 살레는 "밤중에는 빛을 기다려야만 한다"고 말했다. 어두움의 순간이 때로는 나쁜 순간처럼 느껴질 수 있다. 최악의 시절로 여겨질 수 있다. 하지만 우리는 "최고로 좋은 순간에도 나쁜 순간들이 많고, 최악의 시절에도 좋은 순간들이 많다"고 한 C. S. 루이스의 말을 기억하며 위로를 받아야 한다. 폴 투르니에는 "좋은 날씨를 정말로 즐기려면 그전에 나쁜 날씨가 오랫동안 계속되어야 한다"고 말했다(폴 투르니에, 《고통보다 깊은》, IVP, 25쪽).

영혼의 어두운 밤을 통과하는 리더는 소망을 품고 기다려야 한다. 어두운 밤에 깨우쳐 주시는 깨달음을 보석처럼 여겨야 한다. 어두운 밤을 통과하면서 나는 소중한 생명이 어둠 속에 자란다는 것을 배웠다. 어린 생명은 엄마의 자궁 속 어두운 데서 자라고, 씨앗은 땅속 어두운 곳에서 자란다. 하나님은 흑암 중에 보화를 감추어 두신다(사 45:3). 리더가 인내심을 가지고 어두움을 통과할 때, 그의 영혼은 변화된다. 어두움마저도 사랑할 만큼 깊어지고 원숙해진다.

◆

리더는 뒷모습이
아름다운 사람이다

리더는 과업을 성취하는 사람이다. 과업이 없
는 리더는 없다. 리더는 과업 성취에 대한 비전을 품고,
그 과업을 이루어 가는 사람이다. 모든 리더는 각자에
게 주어진 과업이 있다. 리더에게 주어진 과업은 사람
마다 다르며 시대마다 다르다. 리더에게는 각자의 시대
에 따라 과업이 주어진다. 리더의 영광은 하나님이 맡
기신 과업을 성취하는 것이다. 과업을 성취함으로써 하
나님의 뜻을 이루고, 하나님이 맡기신 과업을 성취함으
로써 하나님을 영화롭게 한다.

한때 나는 과업을 성취하는 것보다 성품을 더욱 소

중히 여겼다. 물론, 지금도 성품이 중요하다고 생각한다. 하지만 예수님의 생애를 깊이 묵상하는 중에 과업성취도 성품만큼 중요하다는 것을 배웠다. 예수님은 하나님 아버지께서 맡기신 일을 이루어 아버지를 영화롭게 하셨다.

"아버지께서 내게 하라고 주신 일을 내가 이루어 아버지를 이 세상에서 영화롭게 하였사오니"(요 17:4).

◇◇◇

가장 바람직한 리더의 삶은 예수님을 닮은 성품을 통해 하나님이 맡기신 과업을 성취하는 것이다. 성품이 결여된 성취는 위험하다. 기초 없이 세운 집과 같다. 언제 무너질지 모른다. 또한 성취를 무시하는 성품도 잘못된 것이다. 성취를 위해 필요한 것은 지혜다. 예수님은 아름다운 성품과 지혜를 통해 하나님 아버지의 일을 이루셨다. 이때 중요한 것은 균형이다. 성품과 성취는 함께 균형을 이루어야 한다. 마찬가지로 인격과 지혜가 균형을 이루어야 한다.

리더는 과업을 성취한 후에 조용히 물러나야 한다. 이때 리더는 고독을 경험한다. 모세는 하나님이 그에게 맡기신 출애굽의 과업을 성취했다. 또한 광야 40년 동안 이스라엘 백성들을 교육하고, 성막을 건립했다. 하지만 그는 가나안 땅에 들어갈 수 없었다. 하나님은 그에게 가나안 땅을 바라보게 하셨지만, 들어가지는 못하게 하셨다(신 32:52). 모세는 하나님께 가나안 땅에 들어가게 해 달라고 간청했다. 하지만 하나님은 그의 간청을 거절하셨다. 리더는 과업을 이룰 때가 있고, 이룬 것을 내려놓고 떠나야 할 때가 있다.

세례 요한의 부르심은 예수님의 길을 예비한 것이었다. 그는 예수님을 위해 회개의 세례를 외쳤다. 수많은 사람이 그에게 나아와 세례를 받았다. 세례 요한의 인기는 대단했다. 그러나 예수님이 역사의 무대에 등장하시자 그는 조용히 물러났다. 자기 제자였던 요한과 안드레를 예수님께 보내기까지 했다. 그를 따르던 수많은 청중이 예수님을 찾아갔다. 세례 요한은 "그는 흥하여야 하겠고 나는 쇠하여야 하리라"(요 3:30)라는 놀라운 고백을 남기고 역사의 무대에서 사라졌다. 그는 고독하게 살다가 고독하게 죽어 갔다. 하지만 그는 역사에서 훌륭한 인물로 평가받는다. 그 이유는 주어진 과업을 완수한 후에 조용히 물러났기 때문이다.

끝맺음을 잘하는 리더는 많지 않다. 그 이유는 과업을 성취한 후에 성취한 과업에 집착하기 때문이다. 리더가 자신이 이룬 모든 것을 두고, 조용히 떠나기 위해서는 기억해야 할 것이 있다. 첫째, 자신이 이룬 과업이 자기 힘으로 이룬 것이 아니라는 사실을 기억해야 한다. 하나님이 도와주셔서 하나님의 힘으로 과업을 이룬 것이다. 그런 까닭에 집착해서는 안 된다. 둘째, 리더의 역할은 영원히 사는 것이 아니라 바통을 잘 넘겨주는 것임을 기억해야 한다. 모세는 여호수아와 갈렙을 길러 그들에게 바통을 넘겨주었다. 엘리야는 엘리사를 길러 그에게 바통을 넘겨주었다. 예수님은 제자들을 길러 그들에게 바통을 넘겨주셨다. 바울도 디모데와 디도와 같은 제자들에게 바통을 넘겨주었다. 셋째, 리더의 위대함은 자신에게 있는 것이 아니라 그를 리더로 세우신 위대한 하나님께 있음을 기억해야 한다.

리더의 아름다움은 떠나는 모습 속에 담겨 있다. 성취한 것을 내려놓고, 조용히 떠나는 뒷모습에 리더의 진정한 아름다움이 담겨 있다.

참고 문헌

· 헨리 나우웬, 《영적 발돋음》, 두란노.

· 김형석, 《고독이라는 병》, 자유문학사.

· 이진희, 《광야를 살다》, 두란노.

· 이승욱, 《상처 떠나보내기》, 예담.

· 헤럴드 마이라 & 마셜 셸리, 《빌리 그레이엄의 리더십 비
  밀》, 생명의말씀사.

· 오스왈드 샌더스, 《영적 지도력》, 요단.

· 워렌 위어스비, 《위대한 발자취를 남긴 사람들》, 엠마오.

· 이동원, 《씨유 인 헤븐》, 두란노.

· 한근태, 《리더의 비유》, 올림.

· 이승우. 《향기로운 세상》, 살림.

· 앤 린드버그, 《바다의 선물》, 범우사.

· 존 마크 코머, 《슬로우 영성》, 두란노.

· 달라스 윌라드, 《하나님의 모략》, 복있는사람.

· 켄 가이어, 《울고 싶은 날의 은혜》, 두란노.

· 로버트 클린턴, 《영적 지도자 만들기》, 베다니.

· 이동원, 《이동원 목사와 함께 걷는 천로역정》, 두란노.

· 존 파이퍼, 《고난의 영웅들》, 부흥과개혁사.
· 우병훈, 《처음 만나는 루터》, IVP.
· 도널드 T. 필립스, 《마틴 루터 킹의 리더십》, 시아출판사.
· 오스 기니스, 《선지자적 반시대성》, 이레서원.
· 월터 브루그만, 《안식일은 저항이다》, 복있는사람.
· 이태형, '저항하라', 〈행복으로의 초대〉[2021년 7월 18일].
· 바바라 브라운 테일러, 《어둠 속을 걷는 법》, 포이에마.
· 폴 머리, 《어둠의 광채: 마더 데레사의 신앙의 비밀》, 성
  바오로서원.
· 폴 투르니에, 《고통보다 깊은》, IVP.